小石头，大世界：
校本课程的
与实践

主　编　王引　罗文　王正青
副主编　叶丹丹　付学珍

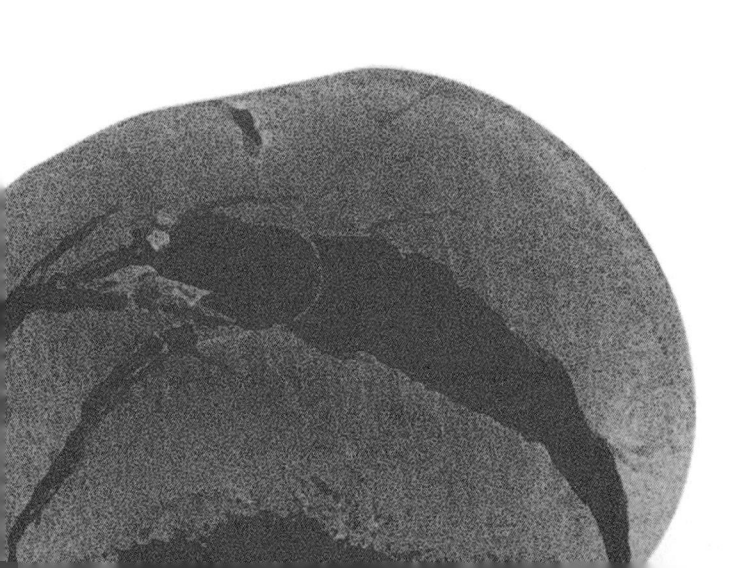

西南大学出版社
国家一级出版社　全国百佳图书出版单位

图书在版编目(CIP)数据

小石头,大世界:卵石画校本课程的开发与实践/王引,罗文,王正青主编. -- 重庆:西南大学出版社,2025.4. -- ISBN 978-7-5697-3096-8

Ⅰ.G623.752

中国国家版本馆CIP数据核字第2025X2S927号

# 小石头,大世界:卵石画校本课程的开发与实践
XIAOSHITOU,DASHIJIE:LUANSHIHUA JIAOBEN KECHENG DE KAIFA YU SHIJIAN
王 引 罗 文 王正青 主编

| | |
|---|---|
| 责任编辑: | 刘欣鑫 |
| 责任校对: | 向文平 |
| 装帧设计: | 散点设计 |
| 排　　版: | 瞿　勤 |
| 出版发行: | 西南大学出版社(原西南师范大学出版社) |
| | 网　址:http://www.xdcbs.com |
| | 地　址:重庆市北碚区天生路2号 |
| | 邮　编:400715 |
| 印　　刷: | 重庆市圣立印刷有限公司 |
| 成品尺寸: | 185 mm × 260 mm |
| 印　　张: | 12.5 |
| 字　　数: | 240千字 |
| 版　　次: | 2025年4月　第1版 |
| 印　　次: | 2025年4月　第1次印刷 |
| 书　　号: | ISBN 978-7-5697-3096-8 |
| 定　　价: | 68.00元 |

本书是成都东部新区
"成渝地区城乡义务教育一体化发展试验区"
建设成果

资助出版
成都东部新区教育发展研究院
成都东部新区壮溪小学校

# 本书编写人员

**主　编**

王　引　罗　文　王正青

**副主编**

叶丹丹　付学珍

**编　者（按姓氏笔画排序）**

曾　慧　杨　楷　贺俊兰　曾霏霏　郑　玲

文红英　江运容　付　倩　田　霄　但金凤

程　涛　阿衣布恩·别尔力克　岳川洋

# 序

　　教育的本质，是一棵树摇动另一棵树，一朵云推动另一朵云，一个灵魂唤醒另一个灵魂。在教育的广袤天地中，每一次创新与实践，都是对这一本质的深刻诠释。当我翻开《小石头，大世界：卵石画校本课程的开发与实践》这本书稿时，一股清新而独特的教育气息扑面而来，我看到了教育创新实践的一抹亮色。

　　成都东部新区壮溪小学校，这所坐落于风景优美的沱江河畔的学校，有着深厚的历史底蕴。从1911年在壮溪口唐家河沟办学的萌芽，历经岁月变迁，校名更迭，直至如今的成都东部新区壮溪小学校，它始终坚守着教育的初心，传承着文化的火种。"向上向善、萃而后升"的校训，"壮志凌云、溪汇成海"的学校精神，"生命教育、生长文化"的理念，如同璀璨的星辰，照亮了学校师生前行的道路，也让这所学校在教育的星空中熠熠生辉。

　　自2019年起，壮溪小学校以卵石画为特色校本课程，开启了一场别开生面的教育探索之旅。这一举措，犹如在教育的土壤中播下了一颗独特的种子，如今已生根发芽，开花结果。本书正是对这一课程开发与实践的全面梳理与总结，它不仅是一本记录课程发展的书籍，更是一部充满教育智慧与创新精神的实践指南。

　　书中对卵石画的概览性认识，从历史、类型、特征到价值，为我们打开了一扇了解卵石画艺术的大门。卵石画这一古老而又充满活力的艺术形式，承载着人类对自然与美的独特理解，蕴含着丰富的文化内涵与教育价值。

　　课程化设计部分，学校对卵石画校本课程目标、内容、编排以及课程实践的精心构思，体现了对教育目标的精准把握和对学生需求的深刻理解。课程目标明确，既注重学生艺术技能的培养，又关注学生的审美能力、创新思维和文化素养；课程内容丰富多样，涵盖了动物、植物、人物、风景等多个主题，满足了学生不同的兴趣爱好；课程编排合理有序，从基础到提高，循序渐进，为学生的学习搭建了坚实的阶梯。

　　流程化实施章节，详细阐述了卵石画教学实施的空间、主体、环节以及校本案例。

学校充分利用自身的资源优势,为学生创造了良好的教学空间;教师作为教学实施的主体,发挥着专业引领的作用,通过生动有趣的教学环节,激发学生的学习热情,让学生在实践中体验到卵石画的魅力。

体系化评价部分,构建了科学合理的卵石画评价体系,明确了评价实施流程和结果运用,为课程的实施提供了有力的保障。评价不仅关注学生的学习成果,更注重学生的学习过程和发展潜力,体现了全面、发展的教育评价理念。

生成性案例展示的各类卵石画作品,是学生们创造力的结晶。从动物类作品对动物形态和神韵的生动刻画,到植物类作品对植物生命力的细腻描绘;从人物类作品中对人物形象和情感的精彩呈现,到风景类作品中对自然景观的诗意表达;每一幅作品都闪耀着学生们智慧的光芒,展示了他们在卵石画课程中的成长与收获。

壮溪小学校的卵石画校本课程,是一次成功的教育创新实践。它以独特的艺术形式为载体,将美育、德育、智育有机融合,为学生的全面发展提供了广阔的空间。这一课程的开发与实践,不仅丰富了学校的课程体系,提升了学校的办学特色,更重要的是,让学生在艺术的熏陶下,提高了创新能力,增强了文化自信。

教育是一项伟大的事业,需要不断地探索与创新。成都东部新区壮溪小学校在卵石画校本课程开发与实践中所展现出的创新精神和实践能力,值得我们学习与借鉴。希望这本书的出版,能够为更多的学校和教育工作者提供有益的参考,激发他们在教育创新的道路上不断前行,让更多的学生在丰富多彩的课程中绽放光彩,实现自己的人生价值。

四川省教育学会常务副会长

吉文昌

2025年4月

# 目录

## 第一章 概览性认识——了解卵石画 ······1

第一节 卵石画历史 ······2
第二节 卵石画类型 ······6
第三节 卵石画特征 ······16
第四节 卵石画价值 ······22

## 第二章 课程化设计——构思卵石画 ······31

第一节 卵石画校本课程目标 ······32
第二节 卵石画校本课程内容 ······40
第三节 卵石画校本课程编排 ······45
第四节 卵石画课程设计校本实践 ······56

## 第三章 流程化实施——卵石画教学 ······61

第一节 卵石画教学实施主体 ······62
第二节 卵石画教学实施环节 ······68
第三节 卵石画教学空间 ······75
第四节 卵石画教学实施校本案例 ······84

# 第四章 体系化评价——量评卵石画 ...... 89

第一节 卵石画评价指标体系构建 ...... 90
第二节 卵石画评价实施流程 ...... 104
第三节 卵石画评价结果运用 ...... 118
第四节 卵石画评价的实践案例 ...... 126

# 第五章 生成性案例——展示卵石画 ...... 135

第一节 动物类作品赏析 ...... 136
第二节 植物类作品赏析 ...... 145
第三节 人物类作品赏析 ...... 150
第四节 创意类作品赏析 ...... 154
第五节 卵石组合类作品赏析 ...... 159
第六节 风景类作品赏析 ...... 166
第七节 传统文化类作品赏析 ...... 168

# 参考文献 ...... 171

# 第一章

# 概览性认识——了解卵石画

通过卵石画的历史轨迹,探索卵石画的起源以及其在现代社会的地位和影响力。深入分析卵石画的演变过程和它如何受到各个时代文化的熏陶,我们不仅能够了解这一艺术形式的历史深度,还能感受到它在全球范围内的传播广度及地域特色的多样性。本部分内容深入探讨了卵石画在材料质地、工艺技术、主题内容和艺术风格方面的多样性。通过这些详细描绘,我们不仅能够理解卵石画作为艺术品的独特之处,还能领会艺术家们如何从自然中汲取灵感,进而创作各式各样的艺术作品。同时,本章还探讨了卵石画如何在教育和文化传承中发挥重要作用,在探讨卵石画的特征时,特别强调了其材料的易得性和多样性,以及工艺的自然性和与人文的融合性。这些特征不仅揭示了卵石画的独特美学价值,也反映出其背后所蕴含的文化和哲学意义。此外,对卵石画创意的自由性和开放性进行了探索,展现了艺术家们如何在创作中展现无限的想象力和创新精神。在本章的最后部分,阐释了卵石画的多方面价值。

# 第一节　卵石画历史

本节首先探究了卵石画的起源和文化渊源。在古代社会中,由于其天然平滑的表面和便于携带的特性,卵石成为早期艺术家们表达创意的理想载体。卵石画的题材广泛,从动植物到日月星辰,从人类活动到自然景观,都成为古人用于诠释对世界的理解和敬畏的题材。随着时间的推移,卵石画不仅在地理空间上广泛传播,还融入了不同文化的特色和内涵。通过这些多元且丰富的历史和文化背景,卵石画不仅成为一种跨越时空的艺术形式,更是人类与自然环境相互作用的重要体现。卵石画的历史和发展不仅展现了人类对美的追求,也反映了人类与自然环境之间的密切关系,同时揭示了人类文化的多样性和丰富性。这些作品不仅是艺术的珍贵遗产,也是教育的重要资源。因此,卵石画不仅具有独特的审美价值,更是教育上的珍宝,值得我们深入研究和传承。

## 一、卵石画的起源与文化渊源

卵石画的起源与文化渊源是一个多元且丰富的话题。作为一种以天然卵石为载体的艺术形式,卵石画的历史可以追溯到古代文明,这不仅展现了人类对美的追求,而且反映了早期社会与自然环境的密切关系。这些卵石上的绘画或雕刻,反映了古人对自然界的观察和理解,以及对神秘力量的崇拜。早期的人们生活在自然环境中,对周围的山川、动植物有着深刻的感悟。因此,卵石的流通和使用,可以被视为他们与自然对话的一种方式。在卵石画作品中,常见的主题如动物、植物、日月星辰以及人类的各种活动场景,都是古人观察和理解自然的反映。这些作品不仅传达了他们对自然界的敬畏和赞美,同时也体现了他们对生活的理解和感悟。此外,卵石画的制作不仅是一种艺术活动,还与生活方式紧密相关。同时,这种艺术形式的发展也反映了人类文化的多样性和丰富性,它不仅具有独特的审美价值,更是一份人类文化的珍贵遗产。

卵石画通过独特的技巧融入不同的文化,形成了跨越时空和文化的艺术表达方式。在美洲秘鲁沙漠地带,神奇的纳斯卡地画,通过移除地表深色卵石形成巨型图案,最大单体长度超300米。①在亚洲,特别是在中国和日本,卵石画的风格截然不同。在中国,卵石画与书法、绘画艺术相结合,展现了追求自然与和谐的东方美学。例如,宋代《云林石谱》系统记载116种观赏石②,其中"水冲石"特指河床卵石。文人通过"瘦、皱、漏、透"的品鉴标准,将卵石形态与山水画构图原理结合,如米芾《研山铭》即是以卵石纹理启发的水墨创作。在日本的卵石画中,简约的风格和对自然美的追求反映了日本文化中的禅意和审美观。在欧洲,尤其是文艺复兴时期,卵石画展现出更加精细和现实主义的风格。例如,京都府龙安寺方丈庭园以卵石铺就"枯山水",通过粒径分级与排列密度差异,模拟海浪波纹。③

卵石画的文化价值,在于其完整保留了人类"观物取象—因材施艺—符号转化"的创作链。从史前人类的自然观察到文明时代的哲学升华,卵石始终作为介质连接着物质实践与精神建构。这种跨越时空的艺术形态,为理解不同文明的认知模式与审美范式提供了独特视角。因此,我们应该珍视和传承这种独特的艺术形式,让它继续在人类文化中绽放光芒。

## 二、卵石画的演变过程与时代影响

创作者们将卵石作为表达哲学思想和自然美学的媒介,创作出一系列充满诗意的作品。宋元明清时期,卵石画成为表达个人情感和追求艺术的工具。这一时期的卵石画注重墨色、线条和构图的和谐,苏州留园"冠云峰"(始建于明代)的卵石基座,通过青石与黄蜡石的色彩对比,强化太湖石的视觉中心地位。这种组合设计源自《园冶》中的设计理念,体现了文人对自然美学和意境的追求。创作者们通过卵石画表现山水、花鸟和人物,展现了一种深刻的内在情感和哲学思想。近现代以来,受西方文化的影响,中国的卵石画开始融入现代艺术元素。创作者们尝试将传统技法与现代视角结合,创作出既有中国传统韵味又具现代感的作品。这一时期的卵石画不仅是艺术创作的展示,更是东西方文化交融的体现。

在西方历史中,卵石画在古希腊、古罗马时期及中世纪主要用于宗教和神话主题的表达。例如,现存于佩拉博物馆的鹅卵石马赛克地板,其表现的狩猎场景是通过使用天然卵石拼贴而成的,其是希腊时期的马赛克工艺中的卵石艺术表达。现代艺术

---

① 朱磊.寻道四方 从人文地理学视角看世界[M].北京:九州出版社,2023:120.
② 张承安.中国园林艺术辞典[M].武汉:湖北人民出版社,1994:286.
③ 季茜,万敏.国内外卵石艺术及其特征解析[J].艺术与设计(理论),2016(12):136-138.

运动对卵石画也产生了影响,创作者们开始尝试新的技术和表现形式,并融入多元素材,将卵石艺术推向了一个全新的境界。当代创作者则更加关注社会和时代主题,通过卵石艺术探讨自然、社会与科技等问题。例如,英国大地艺术家理查德·朗(Richard Long)在1967年创作《走出的线》,通过用采集的卵石在荒野排列直线,形成人在自然中走出的路径,将卵石从建筑材料升华为人与自然时空关系的测量工具,颠覆传统艺术载体概念;英国自然艺术家安迪·高兹沃斯(Andy Goldsworthy)2003年创作《石头花园》,将花岗岩石作为创作素材之一,打造出一座纪念碑,表达对和平的向往和对生命的尊重。

中西方卵石画的演变也展现了中西方的文化差异。在中国,卵石画更多地体现了创作者们对自然美学和意境的追求,而在西方,卵石画的发展则更加强调对个人主义和现实主义的探索。这些差异不仅反映了中西方文化的特点,也展示了艺术在不同文化背景下的多样性和丰富性。尽管中西方文化中的卵石画各有特色,但它们也存在着一些共同点。无论是在中国的文人画中,还是在西方的现实主义艺术中,卵石画都成为创作者表达情感和对世界理解的重要媒介。

## 三、卵石画的传播与地域特色

卵石画作为一种古老而富有表现力的艺术形式,在全球范围内经历了漫长的传播和发展历程。每个地区的卵石画都拥有独特的地域特色与丰富的文化内涵,这些特色不仅反映了当地的传统艺术和审美观念,还揭示了文化交流和艺术融合对卵石画发展的深远影响。

在中国,江南地区的卵石画以精致和雅致著称。这里的创作者擅长使用细腻的笔触,通过卵石来创新山水、花鸟等传统主题的中国画。这些作品不仅展现了江南地区的自然美景,也体现了当地人对自然和生活的精致感悟,是当地文化的重要组成部分。例如,浙江等地的最早于北宋年间记载的彩石镶嵌艺术,创作者把卵石、天然彩石、贝壳等作为镶嵌材料,依据创作题材和色彩,选择不同大小的石片,随类赋彩,配石成图,丰富了对生活中花鸟、山水美的表达方式。东北地区的卵石画则融合了浓郁的民族风情。创作者们常常以卵石为载体,表现当地民族如满族、朝鲜族的传统生活,以此来展示东北地区的文化多样性和历史底蕴。例如,现存长白山萨满文化博物馆的鹰图腾，其是萨满的标志，是天池流域卵石组成的。[①]其作品不仅展示了东北地区的多元文化，也体现了当地人对传统文化的热爱和传承。

在西方许多国家，卵石画也呈现出各自的特色。意大利作为文艺复兴的发源地，其卵石画深受古典主义和文艺复兴艺术的影响，创作者们倾向于在卵石上绘制古典神话、历史故事和宗教场景，展现出意大利丰富的艺术遗产和对古典美学的追求。法国的卵石画则深受印象派和现代艺术的影响，创作者们善于利用卵石画来表达自然光影变化和日常生活场景，反映了法国艺术的浪漫、轻快和自由。美国的卵石画则展现了文化的多元性和创新精神，从表现本土居民文化到反映现代社会问题，创作者们在卵石画中融合了多种文化元素，体现了美国社会的开放性和多样性。随着全球化的加速，卵石画在世界各地得到了广泛的传播和接受，这种艺术形式在不同国家和地区进行发展，不仅展现了各地独特的文化特色和艺术传统，还促进了不同文化之间的交流和融合。在非洲和拉丁美洲等地区，卵石画逐渐融入当地的艺术语境，具有独特的地域特色和文化身份，进一步丰富了全球艺术景观。

综上所述，卵石画的全球传播和地域特色展现了不同文化背景下的艺术多样性，以及文化之间的交流和互动。通过卵石画，我们可以看到不同地区的文化在保持自身特色的同时，又吸收和融合其他文化元素，形成了独特而丰富的全球艺术作品。这些不同的卵石画作品不仅是创作者个人创作的展现，更是文化交流和人类共同历史的见证。卵石画的历史和发展从一个侧面反映了文化的多样性和人类文明的进程，它不仅是一种艺术表达形式，更是一个连接不同文化、传递人类共同情感和价值观的媒介。通过研究和欣赏卵石画，我们可以更深入地理解不同文化之间是如何相互影响和融合的，以及艺术在促进全球文化理解中的重要作用。这种艺术形式在全球范围内得到了广泛传播和接受，其发展历程也将继续为人类文明进程和文化交流提供重要视角和素材。

---

① 中国广播网. 长白山原始萨满部落风景区[EB/OL]. [2015-02-02]. http://jl.cnr.cn/lvy/20150202/t20150202_517607384.html.

# 第二节 卵石画类型

卵石画依据材料质地与工艺技术、主题内容与艺术风格,以及功能用途与应用场景等不同,可分为多种类型。

本节首先探讨了卵石画在材料质地和工艺技术层面的多样性。卵石作为一种自然材料,其质地和形状的多样性为创作者提供了无限的创作空间。在不同文化和地域背景下,创作者们采用了多种工艺技术来处理和装饰卵石,从而创作出风格迥异的艺术作品。例如,有的创作者选择将卵石进行雕刻,创造出立体的图案和形象;有的则通过绘画技术,在卵石的平滑表面上描绘精细的图案。这些不同的技术不仅展现了卵石画艺术的多样性,也反映了创作者们在材料处理和创作技法上的独特见解和创新。

其次探讨了卵石画在主题内容和艺术风格层面的多元化。卵石画的主题广泛,涵盖了自然景观、人物肖像、日常生活、宗教和神话故事。创作者们根据自己的艺术理念,选择不同的主题来表达自己的情感和观点。同时,在艺术风格层面卵石画也表现出从传统到现代,从具象到抽象的变化。不同的创作者根据自己的风格和偏好,将卵石画带入了各种艺术领域,从而使得卵石画成为一种多样化且富有表现力的艺术形式。

最后,按功能用途和应用场景划分,卵石画作为一种艺术品,它还具有多种不同的功能。在装饰方面,卵石画常用于家庭居所、公共场所或园林景观的装饰,增添美观和艺术气息;在教育领域,卵石画作为教学工具,帮助学生了解艺术、历史和文化,激发他们的创造力和想象力;而在文化传承方面,卵石画作为一种传统艺术形式,其制作和欣赏过程有助于传承和推广各地区的文化风俗和历史传统。

通过这些不同的用途和场景,卵石画展现了其在当代社会中的实用价值和文化意义。

## 一、按材料质地与工艺技术划分:多样化的创作手法

不同地理环境孕育出的卵石包括河床卵石、海滩卵石和山间卵石等类型,它们各自特征不一。河床卵石以光滑细腻著称,适合绘制精致图案;海滩卵石则因色彩丰富、

形态多变而受到青睐;山间卵石则展现出更独有的自然化粗糙感。[①]这种多样性为创作者提供了丰富的选择并引发灵感,使得卵石画具有独特的视觉效果和艺术表现力。

创作者在选择卵石时会考虑其大小、形状、纹理与作品主题和风格的匹配度,以确保最佳的艺术效果。此外,卵石的自然形态和质感与艺术主题的结合,以及颜色和纹理的处理,都是卵石画创作中的关键环节。卵石表面处理技术,如初步打磨、精细打磨、染色等,这些技术不仅可以改善卵石的外观,还可以提升作品的艺术效果。这些技术的应用使得卵石画成为一种既传统又现代的艺术形式。传统与现代绘画技术在卵石画中的融合,使得卵石画突破了时间和空间的限制,融合了多种艺术元素,为观者带来了丰富的视觉体验和艺术感悟。

卵石画的类型不限于卵石画本身,在与其他艺术形式如雕塑、拼贴和装置艺术的结合中,也涌现出许多种品类,并突显了卵石画的跨界特性和无限创意。这种结合不仅推动了卵石画艺术的界限扩大,还开辟了广阔的创意空间,使卵石画创作成为一个多层次、多维度的艺术创作平台。

## (一)卵石的来源与类型

卵石画的核心材料是卵石,其选择极具多样性。河床卵石通常因河流内水流的长期作用而形成。河床卵石的主要特点是表面平滑、边缘圆润、颜色多样、质地细腻,适合绘制精致的图案。海滩卵石是因海浪长期冲击岩石而形成的。海滩卵石的颜色丰富、形状多变、表面光滑,但可能不如河床卵石细腻。山间卵石主要源于山区的河流或溪流,由于受到较少的水流冲刷,这些卵石的形状可能不如河床卵石那样规则和圆润。山间卵石的颜色较为单一,表面较为粗糙,但这种天然的粗糙感可以为卵石画增添独特的美感。

除此之外,卵石的多样性还体现在其矿物组成和结构特征方面。河床卵石因长期受石英砂磨蚀,常呈现半透明质地,长江流域的色彩斑斓的玛瑙纹卵石便是典型代表;海滩卵石因海水的作用,其表层具有独特的色彩,具有代表性的青岛崂山绿石由此形成。此外,火山岩卵石中的气孔结构(如长白山玄武岩卵石)可吸附矿物颜料,形成天然渐变效果。花岗岩卵石的莫氏硬度达6级以上,适合作为包含雕刻技法艺术作品的原材料,而沉积岩卵石层理构造则赋予画面时空纵深感。这种地质特性与艺术表现的深度关联,使卵石选择成为连接自然科学与人文创作的关键环节。

---
① 季茜,万敏.乡土卵石作景观与艺术[J].艺术与设计(理论),2017(1):75-77.

## (二)卵石的选择与使用

卵石画作为极具表现力和创新性的艺术形式,其创作过程需要创作者保持敏锐的观察力和独特的创造力。卵石的选择和使用是卵石画创作过程中至关重要的一环。通过合理地选择和处理卵石,创作者不仅能够确保作品的艺术效果和质量,还能够充分展现卵石画的独特魅力和艺术价值。创作者在选择卵石时,首先考虑的是艺术作品的主题和风格。如,如果作品主题倾向于自然和宁静,创作者可能会选择光滑细腻的河床卵石;而创作更具现代感和抽象风格的作品,创作者可能会选择质感粗糙、颜色丰富的海滩卵石。此外,卵石的大小、形状也是创作者在选择时需要考虑的因素。大型卵石适合作为大型作品的基底,而小型卵石更适合用于精细的描绘。[1]

在卵石上作画前,创作者通常应先进行清洁和打磨工作。这一步骤不仅可以去除卵石表面的杂质,还可以根据需要调整卵石的光滑度和质感,从而确保绘画材料能够牢固地附着在卵石表面。在创作过程中,创作者需要根据卵石的特性调整绘画技巧。例如,在光滑的卵石表面上作画需要精细和细腻的笔触,而在粗糙的表面上作画则可以使用更加大胆和自由的笔触。同时,创作者还需要考虑如何将卵石的自然形状和质感与艺术主题相结合,例如,卵石的自然形态可能激发创作者创作出与大自然相关的主题,或者利用卵石的独特纹理来增添作品的艺术效果。此外,创作者还要考虑如何利用颜色和纹理增强作品的视觉冲击力。在选择颜色时,可以使用颜料或油彩来增强卵石的色彩表现力。而在处理纹理时,可以先在卵石表面涂一层底漆来增强颜色的饱和度和表现力。这一步骤不仅提升了作品的耐久性,还可以为卵石画作品增添更多的艺术魅力。

## (三)卵石的表面处理技术

卵石的表面处理技术是卵石画创作过程中的关键环节。创作者通过打磨、染色和其他创新方法,不仅可以改变卵石的外观,还可以提升作品的艺术效果和表现力。[2]这些技术的应用体现了创作者对材料的理解及其创造力的发挥,使卵石画成为一种既传统又现代的艺术形式。

初步打磨是处理卵石表面的第一步,主要目的是去除卵石表面的粗糙不平和杂

---

[1] 武改朝.《和田石头画》教学实践探索[J].教育现代化,2019(66):288-290.
[2] 路玉宝,杨萍."石头记":小山村里画石头[J].中小学管理,2015(3):44.

质。使用砂纸或电动砂轮进行初步打磨,可以使卵石表面变得更加光滑,为进一步作画打下基础。而精细打磨处理的是卵石表面的细节。创作者可使用细砂纸或专业打磨工具,对卵石进行精细打磨,以获得更加平滑和细腻的表面。这一步骤对于绘制精细图案或实现特定艺术效果尤为重要。染色使得卵石画颜色丰富,表面染色是对卵石进行颜色处理的一种常见方法。创作者使用天然或化学染料,根据作品的需要对卵石进行局部或全面染色。这一处理不仅可以改变卵石的原有颜色,还可以通过控制染料的浓淡和施加方式,创造出渐变和层次效果。这种技术能够为卵石画增加更多的深度和维度,使作品更加丰富和立体。

除了传统的打磨和染色,创作者还可能在卵石表面施加特殊的涂层或密封剂。这些材料不仅可以保护卵石画作品,还可以增强作品的耐久性和视觉效果。例如,亮光或哑光的清漆涂层能够增加卵石画作的光泽度和质感。[1]一些创作者通过雕刻、烙画或使用模板喷绘等方式会在卵石表面创造特殊的纹理或图案。这些技术不仅丰富了卵石画的表现手法,也为创作者提供了更多的创造空间。

## (四)传统与现代绘画技术的融合

卵石画的魅力在于它有机的结合传统与现代绘画技术,这不仅提升了艺术形式的表达力,而且展示了创作者对材料的理解和应用创意。

国画的线条与水墨效果,因其独特韵味而备受推崇。在绘制卵石画时,创作者借鉴了这一传统技法,创作出浓缩了中国意蕴的作品。它们描绘了自然的景观、传统的图案或充满诗意的场景,在细小的卵石画布上展示了精致和细腻的艺术风采。而油画技术则以其色彩丰富和质感深邃而声名远扬。这一技术能够描绘栩栩如生、生动立体的画面,无论是人物、动物还是其他具象题材,卵石画都呈现出与众不同的艺术效果。

现代绘画技术的应用,尤其是丙烯绘画技术和数字打印技术,让卵石画变得更加多元和现代。丙烯绘画技术以其快干属性和色彩饱满受到现代创作者的青睐,这些特性用在卵石画中而创作出的作品既具有现代气息,又充满了个性和创新。数字打印技术的加入更是为卵石画打开了新天地。创作者可直接将数字化设计印制在卵石表面,创造出极其复杂精细的图案,这些都是手绘无法完成的。这些现代技术不仅拓

---

[1] 梁丽华. 中学美术校本课程资源开发和利用案例 卵石画的设计与制作[J]. 中国美术教育,2007(4):49-50.

宽了卵石画的表现手法,也为创作者提供了无限可能。将传统与现代、东方与西方的绘画技术巧妙结合,并在它们之间进行深入的探讨和对话,卵石画创作者们展现了卵石艺术作品的立体感和深度,同时也体现了他们对不同绘画技术的深刻洞察力和创新能力。创作者们不懈地探索和尝试使卵石成为一个独特艺术的载体,并展示出传统与现代技术融合后的独特美学和哲学思考。

### (五)结合其他艺术元素

卵石画的魅力远超其艺术表象,不仅因为其独有的美学价值,更在于其与众不同的跨界特性。它能与雕塑、拼贴以及装置艺术等多种艺术形式相结合,从而打造出立体多层次的艺术作品。这些跨界融合不但扩大了卵石画艺术的界限,更开辟了宽广的创意天地,赋予艺术创作者更多表现方式。同时创作者们也愿意将卵石与不同的素材如木材、金属、陶瓷等进行巧妙拼合。

卵石被巧妙地嵌入木雕中,作为装点细节赋予作品更丰富的质感和深邃的视觉效果。这种与雕塑的交融,使得卵石画的题材更为广泛,创作者不再局限于平面描绘,能够借助雕塑的形态表达更深远的议题,更像探讨人与自然的联系或是历史与文化的交织。结合了拼贴的卵石画,呈现出极强的视觉冲击力。卵石可以和纸张、织物等多种纹理丰富的材料组合,创作出层次分明的艺术构图,为观者带来视觉新感受。拼贴艺术的融入让卵石画的主题更加多元化,创作者得以通过这种形式表达对社会的评论、表达个人情绪或探索抽象的观念,让卵石画成为美感与思想交流的媒介。[①]与装置艺术结合时,卵石画能给人创造独一无二的空间体验感。把卵石作为装置艺术的组成部分,与灯光、声响等元素相互作用,造就了富有互动性和沉浸感的艺术空间。这样的应用推动创作者探究艺术的新可能,卵石画与空间、观众及其他艺术元素的互动扩大了传统视觉艺术的边界,创造了一个充满活力、立体多维的创作平台。

## 二、按主题内容与艺术风格探究:从自然到抽象的艺术演绎

在自然主题的探究中,卵石画的创作者们捕捉了自然界的美景,如山川、森林、溪流和海洋,并通过精确的色彩和细腻的笔触,将大自然的壮丽景色缩小在一块块精致的卵石画布上。

---

① 翁峰杰.卵石画校本课程的实施策略探析[J].美术教育研究,2021(16):140-141.

在人文主题的展现中,卵石画不仅体现了丰富的文化故事和历史盛事,也成为记录和反映社会生活多样性的窗口,创作者通过卵石画描绘了民间纹样、历史人物和生活场景。[①]

在抽象艺术风格的演绎中,卵石画呈现了从具象到抽象的艺术转变。形式、色彩和纹理的自由组合成为表达情感和概念的主要手段。

卵石画艺术风格的演变与融合反映了艺术表达的多元化,从最初的自然和人文景观的具象描绘到现代抽象艺术的探索,显示了创作者们在不断寻求新的表现手法和主题领域,以及传统与现代技术的结合方式,这些使得卵石画成为跨越时代和文化的艺术桥梁。这一系列的艺术探索不仅丰富了卵石画的内涵,也为观者提供了多元的视角,去感受和理解自然美、人文精神以及更加深奥的抽象思维。

## (一)探究自然主题

自然主题的呈现揭示了创作者对自然世界的深刻认知与深沉热爱,通过他们充满匠心的艺术创造,每一枚卵石也重现了自然的绮丽风光,为观众带来了一种亲近大自然美的独特视角。从蜿蜒的山涧到浓密的森林,从潺潺的溪流到浩瀚的海洋,创作者们以细腻的笔法和对色彩的精准捕捉,将卵石变为了迷你版的自然画卷。用精心选取的笔触抓取了自然中的每一个细节,如同一个个生动的缩影,展示着大自然的斑斓。不仅是山水,动植物的形态亦被描绘在卵石上,创作者们将美丽的花朵、苍劲的树木以及形态各异的动物,以巧夺天工的手法呈现出来。他们的作品既是对生物多样性的颂歌,也是对生命与自然之精神的赞叹。色彩在卵石画的自然主题展现中,扮演了至关重要的角色。

创作者们从自然界的宝库中挑选色彩,精心搭配以适合季节更替和特定时辰的氛围,比如用冷色调描绘出冬日里的静谧,又或是用暖色调体现夏日的火热。精湛的线条与巧妙的构图也是展现自然主题的关键。创作者们运用流畅的线条,勾勒出自然界元素的轮廓,构图时结合卵石的形态和规格,以达到画面的和谐平衡。创作者运用自然主题创作卵石画,不仅是对自然美的简单复制,更是创作者对自然界的深层次感知和情感的流露。通过对色彩、线条和构图的运用,卵石被巧妙转化,化作了一块块承载着自然之美的微型画布。这让欣赏者有机会在触手可及之处,感受到自然界的无穷魅力和充满生机的活力,从而心灵上与大自然产生共鸣。

---
① 王庆常.一片甲骨惊天下 九字卵石震山河——赏"天书天画奇石"[J].中华奇石,2020(8):122-123.

## (二)展现人文主题

卵石画的艺术魅力不单是体现创作者捕捉自然之美的能力,它还深刻地倾诉着人文精神,反映了社会生活的复杂。创作者们对卵石的精细描摹,不仅赋予它讲述文化故事的能力,也使其成为历史盛事与人类日常的生动记录本。在文化和历史的广袤背景下,卵石画如同时间之窗,向我们展示了绚烂的文化。

创作者巧绘民间纹样、传统服饰及历史建筑,将沉淀的历史精华和文化韵意洒至人间,用一种富有创意的方式让古老的传统在现代观众心中复苏。重大历史事件经常成为卵石画的选题,创作者们以其细腻的笔触和精巧的构图,为我们讲述一个个历史篇章,既有艺术的美感,又具有历史教化的力量。在卵石画的微妙世界中,每一个人物都被精心刻画,蕴含了深厚的感情与故事感。创作者们将目光深深投入于人物的面部表情、身姿动作和装束细节,通过这些细节展现人物复杂的性格和丰富的情感。这些形象和场景,无论是市井人民的日常生活,节日的喜庆,或是家庭的温馨场面,都尽显社会的多元与生活的色彩。这些作品常常洋溢着温暖和亲密,给人以美好生活的真切感受。

卵石画对人文题材的探讨,为我们提供了特别的视角,以全新的方式领略人类的文化、历史。创作者们通过微妙的布局和充满灵感的表达,将卵石画转化为一个连接古今、沟通个人和社会的桥梁。观者在赏析这些细腻如梦的艺术作品时,亦能触及共鸣的经验与情感,启迪心思,感悟生命。

## (三)演绎抽象艺术风格

卵石画没有停留在对自然和人文景观的具象描绘上,它已经拓展了艺术边界,涉足抽象艺术的广阔天地。在抽象主题的实践中,非具象的图形成为主要的艺术语言。创作者借助几何图形、抽象线条,甚至是不规则的图案,在一颗颗卵石表面摆开视觉盛宴。这些图案不直接模拟现实中的物体,而是通过形与线的独特结合传达出细腻的情感波动或深邃的概念构思。

在这些作品中,色彩起到了决定性的作用,创作者通过新颖大胆的配色,以及对色彩饱和度与对比度的精确控制,赋予作品生动的表现力。运用创新的形式,如对称与非对称、动态的构图等这些元素亦是抽象卵石画标志性的特征,探索抽象风格在卵石画的表现方式,抽象表达主义是其中一条主要的艺术道路。这种风格突出了个体情感,通过激烈的笔触、颜色的对撞以及形态的自由流动,创作者将内心世界的情感状态置于观者面前。[①]这类作品具备强烈的视觉冲击力和深沉的情感传达力。几何抽象以其简洁的图形和条理分明的构图,展现出一种整洁而和谐的视觉感觉,通常具有极简主义的美学特质,形式美与色彩和谐且统一。

### (四)融合多种艺术风格

最初卵石画主要以自然风光、动植物界、人物画像等具象元素为主,利用精湛的技艺捕捉自然与人生的璀璨瞬间,给予观者直观、真切的艺术体验。随着时间的推移,艺术表达的多元化也促使卵石画开始进入抽象艺术的领域,卵石画作品通过色彩、形态和纹理的交融来传递情感和思想,而非简单再现现实世界。

在风格上,现代卵石画体现出了多种艺术手法。传统工笔画的线条呈现与现代抽象表现主义的情感释放得以相互融合,将几何抽象的纯粹与自然元素的有形景致巧妙结合,创作出极具个性的视觉语言和表现形式。这样的融合使卵石画创作者们持续寻求新的创作道路。他们可以借助不同寻常的材料,采纳创新的构图策略,甚至涉猎全新的主题领域,使作品展现出别具一格的风貌和视角。

卵石画风格的这一演变及其融合,展现了创作者们对于跨越传统与现代、融合中西方文化的深层探索。卵石画的多元性和包容性为创作者们提供了自由表达的舞台,并为观众呈现了一幅幅生动多彩的艺术景象。创作者们不满足于现状,从单一风格进化至交融多样,在卵石画创新的道路上不断突破和生长,展示了艺术本身蕴含的无限潜力和旺盛生命力。

## 三、按功能用途与应用场景区别:装饰、教育与文化传承

卵石画是一种艺术表现形式,但它还深入人们的日常生活和文化教育中,成为一个连接艺术、教育和文化的重要媒介。卵石画的多功能性使其在现代社会中具有独特的地位和广泛的应用价值。

---

① 王庆常.一片甲骨惊天下 九字卵石震山河——赏"天书天画奇石"[J].中华奇石,2020(8):122-123.

## (一)装饰功能

卵石画以其天然质朴性和独特的艺术表现力,在家庭场所与公共空间装饰中占据了一席之地。这些精心创作的画作不仅呼应了自然艺术的美感,还能够和谐地融入多种装饰风格,为空间增添特有的氛围和魅力。[①]

作为家庭场所装饰的选择,风景或自然主题的卵石画可以成为客厅中的焦点艺术品,如同一窗生态风光,为家注入宁静与天然的美好。在图书馆、医院、企业办公室等公共空间,卵石画也扮演着提升空间感受的角色。本地风光或文化遗产主题的作品,不仅美化了环境,更为这些场所赋予了更深层的文化内涵。在景观设计领域,卵石画的应用也是多样的,它们可以和自然景观融合,如在日式庭院中增添一份禅意,或在城市公园中反映地域特色。世界各地的酒店和度假村也通过展示描绘当地特色景点或文化符号的卵石画,给游客提供了富有地方特色的住宿体验。与此同时,卵石画凭借其独特性和手工艺的精细性,成为收藏家青睐的对象,每一件作品都承载着无可替代的艺术价值,代表了手工工艺的珍贵。

卵石画不仅是美化空间的元素,还深刻地影响着空间的文化身份和美学理念。卵石画在实践中具有塑造特定文化气质和提升空间质感的重要性,使得每一处空间都能呈现出独特的个性和艺术风采。

## (二)教育应用

在教育领域中,卵石画超越了简单的绘画技术训练,成为一种激发艺术、自然和文化多维思考的创新教学工具。卵石画的创作过程不仅使学生掌握了色彩搭配、构图布局以及艺术表达等关键知识,还激励他们从个人的视角出发,表述本地的文化特点或自然环境。卵石画创作的教学活动,有助于培养学生的创造性思维和实际动手能力。

教师指导学生利用各种颜色和尺寸的卵石创作出抽象艺术品,不仅提升了他们的创新能力,也锻炼了他们在细节处理上的精准技巧。卵石画还成为一种非语言沟通方式,帮助人们表达内在的情感和经历,让艺术成为情绪宣泄和自我发现的渠道。此外,环保教育机构与学校利用卵石画作为环境保护教育的切入点,通过让学生们描绘当地濒危的动植物或脆弱的生态系统,有效地提高学生们的生态保护意识。这种

---

① 姜慧.多彩鹅卵石[J].科学大众·科学教育,2017(9):68,74.

教学方法不仅使学生们对自然环境有了更深入的了解,还培养了他们积极参与地球环境保护行动的责任感。

综上所述,卵石画在教育中的应用深远而多面,它不仅是艺术教育的一环,更是情感教育、环境教育的有力工具,打开了一扇通往培养创造力、学会情感表达和责任感的大门。

## (三)文化传承

卵石画成为连接过去与未来的桥梁,它不仅保留了丰富的文化遗产,更在现代社会中激发传统文化的新活力。以其独特且亲民的艺术表达形式,卵石画将民间的故事、历史的传说以及传统的艺术技艺巧妙地呈现在众人眼前,让逐渐远去的记忆变得触手可及,成为一种生动的、可以交流的文化体验。在庆祝文化多样性的节日里,或是在充满教育意义的民俗博物馆内,绘有传统节日盛况、古老民间传说或历史名人的卵石画备受瞩目。这些作品不只圈定在艺术的领域内,它们也承载着教育的责任,透过每一笔、每一色的描绘,将历史与知识传递给新一代,让文化的薪火代代相传。

在国际交流的舞台上,卵石画展现了其作为文化推广者的独特魅力。不同国籍的创作者以卵石为画布,创作出呈现了各自的风土人情、民俗习惯及艺术特色的作品,成为跨越国界的文化之窗。这些精美的卵石画作在交流中桥梁般地连接着不同文化,促进人们更加理解与欣赏世界的多元和美好。

如此,卵石画不仅是艺术的表现,更是一份珍贵的文化遗产。在现代社会的飞速发展下,卵石画用它独有的温度保持着文化的温馨和韵味,让我们在每一个作品中,感受到文化传承的力量和美丽。

# 第三节 卵石画特征

卵石画的核心特质包括材料的易得性和多样性、工艺的自然性与人文性,以及创意的自由性和开放性。

卵石作为一种自然界中广泛存在的材料,因其便于获得的特性,极大地降低了艺术创作的门槛,同时其形态、尺寸、颜色和质感的多样性还能激发创作者们的想象力和创新意识。卵石的自然属性,为创作者们提供了丰富的创作素材,使每件卵石画作品都带有独特的故事和美感。创作者在天然的小石块上留下笔触,更加入了他们对生活的感悟与想象,反映了创作者与自然和谐共处的理念。卵石画展现了艺术创作的自由和开放,鼓励创作者们突破传统模式,探索各种主题和手法,从而使卵石画成为一个动态发展的平台,既充满创意又含有实验精神。

## 一、卵石画材料的特征

卵石的独特性源于其天然禀赋的双重属性,即在地域资源特征与多维美学价值。卵石物质的存在是卵石画创作的物质基础,如河流冲积、海岸侵蚀等地质过程形成的全域性存在,使卵石艺术具备天然的公众参与基因。这种零门槛的材料获取机制,消解了传统艺术创作的资源壁垒,形成了去中心化的创作生态,推动艺术表达从专业领域向社区化、日常化转型。而卵石形态的异质化存在,如从几何构造到矿物显色、从表皮肌理到空间体量,使其成为理论独特的自然符号,创作者通过解构重组,将地质时间凝结的物质转化为可具体叙事或抽象隐喻的艺术。二者共同塑造了卵石画艺术的双重文化功能,既是连接地缘文脉的生态美学实践,又是激发多元审美认知的视觉思维训练载体,最终形成具有普适传播力与在地生命力的民间艺术范式。

因此,每件卵石画作都散发出不同的个性和表现力,皆因背后的故事和美感各不相同。随着艺术发展,卵石画不断扩大边界,融合原始自然魅力、现代艺术的多样性和创新精神,在艺术的殿堂中具有特殊的位置。

### (一)卵石材料的易得性

卵石的普遍存在性和易得性在卵石画的艺术实践中扮演了关键角色。它不仅使卵石画成为一种容易接触和参与的艺术,还对提升公众对艺术的参与感、对促进文化多样性和社会包容性产生了积极影响。通过卵石画,艺术被赋予了更广泛的社会意义,成为连接人与自然、文化和社区的桥梁。

一是地理分布与环境因素。卵石的普遍存在于不同地理环境,拥有独特的形状和质地,同时广泛分布,这种分布的广泛性意味着卵石可以轻易被找到和获取。

二是易获取性的艺术价值。卵石的易获取性为艺术创作者提供了便利。在降低采购成本或技术难度的情况下,创作者可以轻松地收集到这些自然元素。这一点对那些居住在接近自然环境的创作者来说极具价值,让他们拥有大量的材料来源。

三是降低艺术创作的门槛。卵石的易得性在很大程度上降低了艺术创作的门槛。这一点在民间艺术和草根艺术实践中尤为明显,卵石画作为一种不需要昂贵材料和复杂技术的艺术形式,使得普通人也能参与并表达自己的艺术想法。

四是普及性艺术形式的发展。由于其易得性,卵石画成为一种普及性的艺术形式,跨越了专业和非专业艺术创作者的界限。它鼓励了更广泛的人群参与艺术创作,无论是业余爱好者,还是作为一种表达自我和文化身份的其他人。

## (二)卵石材料的多样性

卵石在形状、大小、颜色和纹理上都具有丰富的多样性,这些特点为艺术创作提供了丰富的可能性。卵石的形状各不相同,有圆形、椭圆形、不规则形状等。这些不同的形状可以创造各种不同的视觉效果和艺术构图。卵石的大小从小如豆子的卵石到大如拳头的卵石都有,不同大小的卵石可以在艺术作品中用来创建层次感和比例关系。卵石的颜色也非常丰富,如灰色、黑色、白色、红色、黄色、绿色等各种色彩。创作者可以根据所选卵石本身的颜色来传达不同的情感和表现主题。卵石的表面纹理也多种多样,有光滑的、粗糙的,或带有斑点的等。这些纹理可以增加作品的质感和视觉复杂性。

卵石的多样性可以被创作者用来创作各种风格的作品,从而丰富卵石画的表现力和感染力。例如自然风格,卵石的自然形态和颜色使其适用于表现与自然相关的主题,如海滩、河岸、山脚等。创作者可以根据卵石的多样性创造生动的自然场景。创作者可以利用卵石的形状、颜色和纹理来创造抽象艺术作品,表达情感、观念等抽象概念。巧妙地组合不同形状和颜色的卵石,创造出吸引人的装饰效果。卵石本身也可作为一种"象征",用来表达生命、和平、坚韧等主题。

## 二、卵石画工艺的特征

卵石画巧妙地将自然之石与人文之思融为一体,呈现了"人与自然和谐发展"的美学概念。创作者们在这些经过河水打磨、日月洗礼的卵石上留下笔触,不仅捕捉了自然的形态与肌理,更注入了自己对生活的感悟与想象。这样的交融,充分展现了卵石画工艺的独到之处,将微小的卵石变成了承载故事和情感的容器。卵石画艺术不再简单地只是停留于对物质的运用,创作者通过手中的每一笔、每一色,使它成为连接自然与人类内心世界的桥梁。通过这个桥梁,观者可以感受到创作者对生物多样性的赞颂、自然景观的珍爱,同时也能触摸到对历史传统、文化根源的敬意和思索。

### (一)卵石画工艺的自然性

卵石本身的形状、大小和颜色都是自然形成的。创作者在创作卵石画时,往往会根据卵石的自然形态来决定如何使用它们,而不是过度加工。这种尊重并利用自然形态的做法体现了一种自然工艺精神,其最大限度地保留并展现材料的自然特性。无论是在卵石上绘画还是用卵石拼成图案,创作者都会尝试捕捉和表达自然之美。选择不同颜色和形状的卵石,艺术家能够创造出山水、动物、植物或抽象图案等,这些作品既体现了自然的多样性,也展示了自然界色彩和形态的和谐美。把卵石作为艺术创作的材料,本身就是一种可持续的做法。卵石是一种广泛存在的自然资源,它们不会对环境造成损害。这种以自然材料为基础的创作方式,强调了与自然和谐共处的理念。通过在卵石上绘画或使用卵石创作艺术作品,创作者不仅表达了对自然美的赞美和尊重,也在某种程度上体现了人与自然之间的密切联系。这种艺术形式让观众能够感受到自然之美,同时也引发人们对自然保护和可持续生活方式的思考。在制作卵石画的过程中,创作者需要与自然材料密切合作,这要求他们不仅对自然美有深刻理解,还要具备将自然元素和谐融入艺术创作的能力。这种创作过程本身就是一种与自然和谐共生的实践,也体现了自然工艺的精神。

### (二)卵石画工艺的人文性

人文性涉及创作者的内在思考、情感体验以及独特的创造力。在卵石画中,这种人文性得以充分展现,使受众能够深入了解创作者的内心世界包括他们对生活和情感的思考。创作者们通过挑选不同形状、颜色及纹理的卵石,将它们进行巧妙的排列,向观众传达自己特定的情感。在色彩与构图方面,创作者们运用卵石的颜色与大小,创造出视觉上的平衡与对比,从而强调情感与主题。创作者们利用精心设计的构图,引导观众的视线,将他们的关注点引向自己作品中的特定元素,以此来传达更深刻的情感与思想。

以创作一幅关于"希望"的作品为例,创作者可能会选择一些形状较为规整、颜色柔和的卵石。他可能会将它们按照一定的顺序排列成一条曲线,创造出一种流动的感觉。这种排列方式会引导观众的视线从一个卵石移向另一个卵石,让他们的内心产生一种连续的情感。卵石颜色较为温暖,如淡黄色或淡橙色,可创造出一种温馨、和谐的气氛;通过精心创作画面,创作者能够引导观众体验到希望、不安、挣扎、胜利等多种情感,使他们在观看的过程中产生共鸣,并对作品的主题有更深刻的理解。此外,创作者们还可以利用卵石的纹理和质地来表达一些特定的情感和主题。如一些卵石有着光滑而坚硬的表面,给人一种坚定、刚毅的感觉;而另一些卵石则可能有着粗糙的表面和不规则的形状,给人一种不安、矛盾的感觉。将这些特点各异的卵石巧妙地组合在一起,创作者们能够创造出一种强烈的对比和冲突的作品,从而更好地表达自己的主题和情感。如一幅卵石画可以用柔和的色彩和紧密的排列方式展现了两颗心形卵石,表达情感的深度。卵石画作品也可以通过将卵石巧妙地融合成一幅山水画,传达创作者对大自然的尊重和对人类与自然的共生关系的思考。卵石被用来构建山脉和河流,使受众感受到人类与自然的和谐共存。

## 三、卵石画创意的特征

卵石画,这一古老而富有变革精神的艺术门类,倡导着艺术的自由和开放,鼓励创作者摆脱传统的创作模式,让创作思想的翅膀尽情展翔。这样的艺术实践允许创作者在选题和艺术手法上自由驰骋,他们可以挖掘自然界的各种景观或是讲述跨越时空的人文故事,可以在画布上刻画具体的物象,也可以把握抽象概念的精髓,使得表现的主题和手法多元化。在卵石画的创作中,创作者们不再受限于传统绘画技法的框架,他们可以借助现代艺术的各类新技术,诸如数字编辑、多媒体交融,或者采用特异材料的组合,这些创新的尝试使卵石画拥有前所未有的视觉和感官冲击力。这种自由和开放的艺术创作态度,让卵石画成为一个动态发展的平台。卵石画不仅成为展示创作者技艺的舞台,更是一片充满创意的实验天地。卵石画不仅是简单的艺术制作,更是一种艺术与生活、创新与传统、自我与宇宙交流对话的方式。这样的艺术创作,不断拓展着人们对于美的认知,也激发出更广泛的文化反思和情感共鸣。

## (一)卵石画创意的自由性

卵石画的魅力在于其独特的自由性,这不仅体现在艺术的材料选用上,而且在创作的主题、技巧与形式上皆有所体现。创作者们在自然的宝库中挑选自己钟情的卵石,利用这些卵石大小、形状和颜色的不同,营造出风格迥异的画面。它们的自然质感,体现了美术作品的绚烂多姿。卵石的多样性不只体现在其外形,更在于它们都印刻了岁月的痕迹,这些痕迹使其自然纹理具有独特性,每一块卵石都是唯一的存在,因此每一幅卵石画都拥有不可复制的韵味与灵性。每一次创作都像是一次新的探险,既给创作者带来一种对未知的新奇感,也提供了展现自我个性的独特空间。此外,卵石画的自由性亦体现在艺术表现的多样化上。创作者们不仅可以利用古典的笔墨技法,还能创意地采用现代画作的工艺,甚至是融合摄影、雕塑、数字媒介等多种艺术形式。这不仅增强了卵石画的表现力,也使其成为一个跨越时间与空间、融合多种艺术元素的独特艺术形式。创作者们可以将自己对自然界的观察与思考,对生活的感悟与体验,甚至是个人对文化的记忆,都缓慢地置入这些自然的小石中,创作出能够与观众发生共鸣的作品。卵石画的自由性不仅在于它为艺术创作打开了无限的空间,更在于它能够引导公众踏进多彩的艺术世界,更深刻地体验和感悟生活的丰富与美好。随着社会的发展和人们审美视角的转变,卵石画以其独特的艺术语言和形式,成为连接艺术创造和日常生活的桥梁,为现代人带来了源源不断的艺术灵感与乐趣。

## (二)卵石画创意的开放性

卵石的自然属性赋予了卵石画独特的艺术特点。经过长时间的水流冲刷和侵蚀,卵石形状自然流畅、表面光滑,这为卵石画提供了独一无二的天然画布。创作者可以根据卵石的自然轮廓与纹理来设计画面,使得最终的作品与众不同。自然与艺术的结合给人以美的享受,在材质运用上卵石画的多样性也体现了其开放性。除了天然卵石,创作者还可以选择不同颜色、质地的卵石,甚至可以对卵石进行染色、刻画等加工处理,以提升画面效果和表现力。在材质的选择和运用上,卵石画几乎没有限制,创作者可以根据自己的创作意图与绘画偏好,选择卵石,对卵石进行雕刻。

卵石画的题材和风格也极具开放性。无论是自然风光、人物肖像、抽象图案还是现代视觉符号，卵石画都可以作为承载媒介。由于卵石的形状独特，创作者可以在此基础上进行创新性的探索，开发出新的表现手法和风格。比如，用卵石拼贴创作出立体的画面；利用卵石的颜色搭配，表现出不同的视觉冲击力。此外，卵石画在创作过程中的互动性和教育性也展示了其开放性特质。创作者不再局限于单向的创作，还能与自然环境、社会文化乃至观众进行互动。例如，在采集卵石的过程中，创作者会对自然环境产生新的认识和感悟，而在作品展示环节，观众的体验和反馈也成为作品的一部分。在教育领域，卵石画的创作可以作为儿童艺术教育的一种手段，培养儿童的观察能力、想象力和创造力。这些都体现了卵石画艺术在现代与传统的结合上展现出开放性。传统的卵石画多以自然风光和生活写实为主，而现代卵石画则通过不断地实验与探索，融入现代艺术理念和技术，常常出现新的表达形式和审美价值。

# 第四节 卵石画价值

卵石画在手眼协调与精细动作、智力发展与创意思考、动手能力与实践探索、审美情感与艺术鉴赏,以及环保意识和社会责任方面产生了较为深远的影响。

卵石画在德育方面的作用体现在对环保意识的培养和社会责任感的传递上。使用天然、可持续的材料,卵石画不仅展示了环境保护的重要性,还通过描绘社会问题和文化故事,激发了大众对社会现象的关注,强化了个人在社会中的角色和责任感。在智育方面,卵石画能提升人的观察力、记忆力和思维能力,同时也提高创造性思维能力和问题解决能力。卵石画成为一种有效的认知技能训练工具,人们通过对色彩、形状和艺术表现的认知,加深了对艺术、文化和自然的理解。在体育价值方面,卵石画要求创作者具备良好的手眼协调和精细动作能力,这些能力的提升不仅有助于艺术创作,也对日常生活中的多种活动产生积极影响。在美育方面,卵石画通过其独特的材料和形式,为观众提供了与众不同的审美体验,同时也加强观众对美的感知和理解。最后,劳育元素在卵石画中体现为动手能力的发展和创新与实践的结合。卵石画不仅要求精细的手工能力,而且鼓励创作者探索新的艺术表达方式,从而促进他们提高实践能力和创造力。总之,卵石画不仅仅是一种艺术表现形式,它也是一种教育工具,通过它可以培养个体的德育、智育、体育、美育和劳育,促进个人全面和谐的发展。

## 一、环保意识与社会责任:卵石画中的德育启蒙

德育,是指在教育过程中对个体进行道德和伦理价值观的培养。它涵盖了教授诚信、正义、责任感和同情心等价值观,旨在塑造有道德观念和社会责任感的个体。德育的主要目的在于引导个体形成正面的社会行为和态度,促进个人和社会的和谐发展。[1]德育对于培养健康的社会环境、提升公民的道德水平和加强凝聚力有至关重要的作用。

卵石画作为一种艺术的表达形式,自然地融入了德育元素。艺术作品本身以及

---

[1] 肖玲玲. "五育"并举理念下小学美术德育融入路径研究[J]. 教学管理与教育研究,2023,8(20):117-119.

创作过程都能够传达和强化道德、伦理价值观。由于卵石画使用天然、可持续的材料，它在培养环保意识方面发挥着重要作用。通过这种表达形式，观众和创作者被鼓励思考自然保护和可持续生活方式的重要性。卵石画也可作为探讨和传递社会责任感的平台。通过呈现社会问题、历史事件或文化故事，卵石画激发观者对社会现象的关注，并促使他们思考个人在社会中的角色和责任。在卵石画中，道德和伦理观念不仅可通过直接的主题表达，还可通过创作者的创意和感悟间接呈现，使得德育内容更加生动和易于接受。

1.培养环保意识

卵石作为卵石画的主要材料，是一种纯天然的资源。卵石等天然材料的选择，本身就是一种环保意识的体现。它传达了一种信息：艺术创作可以与自然和谐共存，而非对自然资源进行掠夺。通过创作和展示卵石画向学生及公众传授环保的重要性，这种教育方式比单纯的理论教学更具吸引力和实际意义。许多创作者通过直接创作环保主题的卵石画，如描绘受污染的自然景观、展现野生动植物等，这些作品都能够直观地展示保护环境的紧迫性和重要性。观看和参与卵石画创作，能激发个人对环保行动的思考和实践。它提醒人们在日常生活中采取更加可持续的生活方式，减少资源浪费、支持环保艺术。通过展览、工作坊和公共艺术项目，卵石画能够将环保意识传递给更多的社会群体，推动社会层面上对环境保护的重视。总之，在卵石画中使用自然材料，不仅是一种艺术上的选择，更是一种对环境保护和可持续发展的承诺。因此，卵石画在培养环保意识和推动环保行动方面发挥着重要作用，体现了艺术在促进社会正向发展中的潜力和价值。

2.传递社会责任感

卵石画创作者们可以选择把某些社会问题和挑战为作品的主题，如环境污染、社会不公、文化遗产保护等。通过卵石画作品体现这些主题，不仅能呈现了这些问题的现状，还能激发公众对这些问题和挑战的关注和反思。这种艺术表达方式使得复杂而敏感的社会议题更易于被公众理解和讨论。卵石画也常用来展示和弘扬社区的文化和价值观，通过描绘本地的风俗习惯、历史事件或社区故事，可促进社区形成共识和传承文化。

## 二、智力发展与创意思考:卵石画中的智育提升

智育,作为教育的重要组成部分,主要指的是对个体认知能力、思维方式和知识水平的培养。它涵盖了学习、理解、判断和创新等多方面的智力活动。在德智体美劳五育的框架中,智育占据着核心位置。[1]它不仅与德育相互促进,共同塑造个体的价值观和道德观,也与体育、美育、劳育相结合,促进个人全面和谐的发展。

在卵石画这一艺术形式中,智育尤为重要。通过艺术创作,其不仅可以培养个体对色彩、形状和艺术表现的认知理解,还能激发个人创造性思维和提高个人问题解决能力。卵石画作为一种艺术实践,提供了一个探索和学习的平台。它不仅涉及艺术技巧的学习,更重要的是,它鼓励个体通过艺术表达自我探索和认识世界的过程和结果,从而促进智力发展和创新能力的提升,对于提升观察力、记忆力和思维能力具有显著的作用。它还是一种有效的认知技能训练工具,对于促进个体智力发展和创造性思维具有重要作用。通过参与卵石画创作,观众和创作者能够体验到思考、分析和创造的过程,这不仅有助于知识的获取和技能的提升,还能促进个体对艺术、文化和自然的深入理解。

### 1.提升认知能力

卵石画的创作过程首先要求对细节能进行深入观察。创作者需要仔细研究卵石的形状、颜色和纹理,以决定最适合的绘画主题和风格。这种对细节的关注自然而然地锻炼了观察力。创作以自然为主题的卵石画,如动植物或景观,进一步加强了创作者和观众对自然界的观察和理解。这不仅是对艺术技巧的练习,也是对自然世界多样性的学习和欣赏。在卵石画的创作中,创作者常常需要依赖记忆来再现特定的图像和场景。这个过程涉及从记忆中提取信息,并将其转化为视觉表达,从而有效地锻炼了记忆力。此外,卵石画也要求创作者和观众记住不同的颜色、形状和艺术手法,这对于加强图像记忆和视觉理解能力非常有益。

### 2.激发创意思考

卵石画的创作不仅是对现实的模仿,更是一种创造性思维的体现。创作者在创

---

[1] 李素敏,张思远.我国"五育"思想的历史脉络、基本特征与未来展望[J].北京教育学院学报,2023,37(5):37-43.

作中需要创新地解决如何在有限的空间内表达复杂主题的问题,在评估作品的构图、色彩搭配及其所传达的情感和信息时,创作者和观众都在进行批判性思维的练习。这种思维方式对于个人的认知发展至关重要。

## 三、手眼协调与精细动作:卵石画中的体育增益

体育,通常定义为涉及身体运动和技能的一系列活动,主要目的是帮助身体健康、促进身体协调和增强体能。它不仅包括体育运动本身,还包含与身体活动相关的技能培养和身体意识的提升。在德智体美劳的教育体系中,体育扮演着重要的角色。[1]它不仅有助于促进身体健康和协调,还对个人的自信心、团队合作能力和纪律性有显著影响。

在卵石画中,体育主要体现在对精细动作的完成度和对身体协调能力的运用方面。卵石画虽然是一种相对静态的艺术形式,但也要求创作者在创作过程中展现良好的手眼协调能力和对精细运动的控制力。在创作卵石画的过程中,创作者需要精确控制手部动作来绘制细节,这种细致的操作有助于提高手部的灵活性和对精细动作的掌控能力,间接地促进了身体技能的发展。此外,卵石画的创作也涉及对身体意识的培养。创作者在长时间的创作过程中需要保持良好的姿势和身体平衡,这有助于增强身体意识和提高整体身体协调性。

### 1.训练手眼协调

手眼协调是指手部运动与视觉感知之间的协调能力,是日常生活和许多活动中必不可少的技能。[2]良好的手眼协调能力有助于提高任务执行的准确性和效率。卵石画的制作要求是创作者能进行精细且复杂的手部动作,如在不规则的石面上绘画或雕刻。这种精细操作要求创作者的手部动作与视觉感知紧密配合,从而进一步提高手眼协调能力。在卵石画创作过程中,创作者需要不断观察卵石的细节,同时调整手部动作来完成预期的艺术效果图。这种持续的视觉和运动协调不仅能提升创作者的手眼协调能力,还能加强创作者对细节的注意力。随着卵石画技巧的练习和提高,创作者在手眼协调方面的能力也会得到显著提升。这不仅对艺术创作有益,也对创

---

[1] 智敏,罗勤.构建"五育融合"的小学体育活动体系[J].人民教育,2022(22):77-78.
[2] 廖凤琳,王凤."五育"融合视域下小学体育教学的价值意蕴与创新策略[J].教育科学论坛,2023(33):72-74.

作者完成日常生活中的各种活动,如书写、绘图和其他需要精细动作的任务,产生正面影响,还能促进大脑的神经协调性提高。

2.练习精细动作技能

精细动作技能指的是使用手部和手指进行精确和细致动作的能力,这在日常生活的许多方面都是必需的,如写字、绘画、手工艺等。在卵石画创作中,精细动作技能尤为重要。由于卵石表面小且不规则,要求创作者进行精确控制手部动作以绘制细节和图案,这样的过程在培养和提高精细动作技能方面发挥着关键作用。卵石画中的细节至关重要,这不仅体现了创作者对卵石本身纹理和形状的观察,还体现如何在画作中表现微妙的光影效果、色彩过渡等。创作者必须学会如何精确控制手指和手腕的运动,以便在有限的空间内准确地应用颜色和线条。通过创作卵石画所获得的精细动作技能可转化为日常生活中的多种技能,如更好的书写能力、手工艺技能甚至更精确的操作能力。

精细动作技能的提高与认知功能的改善有着密切联系。经常进行精细动作练习的个体在注意力、空间认知和手眼协调方面表现得更好。卵石画艺术实践不仅能够提高个体在艺术领域的技能,还能促进他们在日常生活中更好地应用这些精细动作等技能,提升整体生活质量。

## 四、审美情感与艺术鉴赏:卵石画中的美育培育

美育,即美术教育,是指通过学习、体验艺术和美学来培养个人的审美能力、艺术感受力和创造力。它不仅涉及艺术技能的培养,更重要的是培养个体对美的感知、欣赏和理解。在德智体美劳的综合教育体系中,美育扮演着至关重要的角色。它对于丰富个体的精神世界、提升情感和审美水平,以及促进创新思维都具有深远的影响。[1]卵石画,作为一种独特的艺术形式,为实施美育提供了丰富的资源。卵石画以其独特的材料和形式,给个体提供了一种与众不同的审美体验。它结合了自然的美感和人工创作的艺术性,使观者能够在欣赏中体验融合的自然美与艺术美。在卵石画的创作过程中,创作者需要发挥创造力和想象力把普通的卵石转化为艺术作品。这一过程对于培养个体的创新思维和艺术表达能力至关重要。

---

[1] 林华芳.当今小学美术教育如何适应新时代的改革与发展·广东教育学会2022年度学术讨论会暨第十八届广东省中小学校长论坛论文选(二)[C].广东教育学会,2022.

1.培养审美情感

创作者通常以自然界的元素为灵感来源,如山川、植物、动物或水流,通过捕捉这些元素的美感,将卵石画转化为艺术作品。观众在欣赏这些作品时,不仅能观察到自然界的美,还能感受到创作者对自然界的美的理解和表达,从而提高对自然美的敏感性和欣赏能力。卵石画的创作不限于具象表现,也包括抽象艺术的创作。观众在接触这些不同风格的卵石画时,能学习到如何欣赏和理解不同艺术表达方式所蕴含的情感和意境,从而增强审美情感。创作者在卵石画的创作过程中,需要掌握各种绘画技巧和表现手法。观众通过观察这些多样性的技巧和艺术风格,逐渐学会了鉴赏和评价艺术作品,提升了艺术鉴赏能力。艺术作品往往能引发观众的情感共鸣。卵石画因其独特的媒介和表现形式,唤起观众对作品背后故事和情感的共鸣,加深他们对艺术的理解和感受。

2.理解艺术表达

卵石画以其独特的媒介和形式,展现了从传统到现代、从具象到抽象的各种艺术风格。创作者们在这些小型的"画布"上运用不同的绘画技巧和风格,如水彩、油画甚至是点描技法,使卵石画呈现出多样的视觉效果。观众在欣赏卵石画时,不仅有机会接触多种风格的艺术,还能通过观察创作者如何在有限空间内运用这些风格,来深化对各种艺术手法和流派的理解。许多卵石画作品融合了不同的文化元素和符号,如民族图腾、宗教图案或地方特色景观。这种融合不仅丰富了艺术表达,也为观众提供了一种理解和欣赏不同文化的途径,让观众触及了更深层的文化交流和认同。

卵石画在帮助观众理解不同艺术和文化表达方面扮演着重要角色。它不仅为观众和创作者提供了一个探索和实验不同艺术手法的平台,也促进了他们对不同文化的深入理解和欣赏。

## 五、动手能力与实践探索:卵石画中的劳育实现

劳育是教育体系的一个重要组成部分,旨在通过实际的劳动活动培养个体的劳动技能、职业道德和社会责任感。它强调个体通过实践活动学习和理解劳动的价值,培养个体的动手能力和创造力。[1]在德智体美劳的综合教育框架中,劳育与其他教育

---

[1] 于春玲,万美君.以"劳"育"德":基本内涵、时代意义与实现路径[J].思想教育研究,2021(11):124-129.

领域相互补充,共同促进个体全面发展。劳育通过实践活动增强个体的自理能力、解决问题的能力,同时也培养个体良好的工作习惯和责任感。[①]

在卵石画的创作过程中,劳育的元素体现在对个体动手能力的培养中。卵石画的创作涉及创造力和实践能力,创作者们需要创新地思考如何将普通的卵石转变为艺术作品,这不仅是一种艺术创作,也是一种实践活动,体现了劳育在艺术领域的应用。劳育的作用包括了对个人创造力和职业技能的培养,而卵石画能提供一个结合劳育理念的实践平台,促进个体在劳动技能、创造力和职业发展方面的全面成长。对于那些以艺术创作为职业的人来说,培养卵石画创作需要的技能有助于提升他们的职业技能和市场适应能力。

1.发展动手能力

这一点和"体育价值"中的手眼协调、精细动作相似,但不同点在于"动手能力"侧重实际操作能力,是指通过手部的动作完成具体任务的技能。这种能力在艺术创作、手工活动以及日常生活中都极为重要。

在卵石画创作过程中,良好的动手能力对于完成精细且复杂的艺术作品至关重要,细致的绘画、装饰或雕刻工作需要稳定而精确的手部控制能力。随着在卵石画创作中的不断实践,创作者的绘画技巧、材料处理能力和装饰技术将显著提高。这些技能的提高不限于卵石画领域,还可用于其他艺术和手工艺活动中。卵石画创作不仅是绘画,还包括从构思到完成的整个过程。创作者在卵石画创作的实践中学会规划、组织和执行复杂的创作任务。各种挑战如材料的限制或技术难题,要求创作者具备创新思维和问题解决能力,这种思维和能力是动手能力的重要组成部分。通过卵石画创作,个体可以学会如何更好地与物质和工具互动,实现创意想法,并且这些技能还可用于日常生活和职业实践。

2.促进创新与实践相结合

卵石画提供了一个独特的艺术平台,鼓励创作者探索新的表达方式。由于卵石的形状、大小和质地各不相同,创作者主动地创新绘画技法和装饰方法,以适应这些自然材料的特性。由于卵石的多样性,在每块卵石上进行的绘画实践都可以看作是一个新的艺术实验。创作者们被鼓励去尝试新的材料组合和视觉效果,进而探索艺

---

① 刘学勇,滕遥.合理性教育循环与美育、劳育关系刍议[J].教育与教学研究,2016,30(5):21-30.

术表达的新的可能性。当代的卵石画创作者们也在尝试将传统艺术手法与现代技术结合起来,如使用数字工具进行设计规划,或者结合摄影和数字印刷技术创作新型的卵石艺术品;积极探索如何将新技术融入传统艺术创作,包括使用新型绘画材料、探索3D打印技术以及其他创新的艺术制作方法。对新技术的探索和应用,不仅丰富了卵石画的艺术表达方式,也促进了创作者们在技术和艺术领域的持续学习和个人发展。

卵石画作为一种艺术形式,在鼓励创新实践和探索新技术方面具有独特价值。它不仅为创作者提供了一个实验和创新的空间,也为艺术界带来了新的视角和灵感。这种创新和实践的结合,促进卵石画艺术表达方式的多样性和创作者个人的发展,展示了艺术与技术融合的无限可能。

# 第二章

# 课程化设计——构思卵石画

　　课程是贯通各年级学段学习内容的重要载体,是对学生学习的系统化预设。从学习视角来看,课程是对学习本身的预设,而非学习环境、师资队伍结构和教育制度等外围性构建,目的在于促进学生进行系统化学习。校本课程就是学校实现办学理念、办学愿景、育人目标等教育价值追求的主要路径,依托卵石画校本课程设计的科学性、时代性、本土性、人本性原则,从制度构建、多元协同、文化自觉、整体设计层面,进行卵石画校本课程设计与编排。卵石画校本课程不仅丰富了学校美术类课程资源,同时能够帮助学生获得探索美术知识、鉴赏绘画作品、创作卵石画成果的机会。其对于激发学生想象力、创造力、创意表现能力以及弘扬真善美,塑造美好心灵大有裨益。

# 第一节 卵石画校本课程目标

　　课程目标是教育工作者对教育以及学生发展的"应然"状态的把握,即课程实施应达到预期的学生身心素质的发展目标。卵石画课程设计需以人文素养为基础、以艺术素养为核心,让学生在学习过程中发展科学精神和实践创新能力,同时以劳动素养为支撑,助力学生在创作过程中身心健康发展。

## 一、以人文素养为基础

　　人文素养体现了对人类文明的认知、理解和欣赏,对人类价值观念的尊重和追求,以及对人类精神世界的关注和探索。培育人文素养是为了个体的人性外延和全面、和谐与自由发展,从而达到人的本真。人文素养是学生知识、技能和态度的综合能力表现,是社会价值与个体价值的统一。人文素养主要是学生在学习、理解、运用人文领域知识和技能等方面所形成的基本能力、情感态度和价值取向。人文素养包括人文积淀和人文情怀。[1]

### (一)人文积淀

　　人文积淀即人文知识的积累,它是人文素养的知识系统,也是人文素养形成的基础和前提,主要包括了古今中外人文领域的基本知识与成果,能够让个体理解与掌握人文思想中蕴含的方法论。人文积淀是通过不断积累、提炼和升华而成的优秀人文文化而实现的。2014年,教育部印发《完善中华优秀传统文化教育指导纲要》,指出加强中华优秀传统文化教育,是深化中国特色社会主义教育和中国梦宣传教育的重要组成部分,是构建中华优秀传统文化传承体系、推动文化传承创新的重要途径,是培育和践行社会主义核心价值观,落实立德树人根本任务的重要基础。[2]源远流长的中华优秀传统文化,是艺术课程取之不尽、用之不竭的重要课程资源,中华优秀传统

---

[1] 王泉泉,刘霞,莫雷,等.中小学生人文素养的内涵与表现水平研究[J].北京师范大学学报(社会科学版),2022,(01):46-54.

[2] 中华人民共和国教育部.教育部关于印发《完善中华优秀传统文化教育指导纲要》的通知[EB/OL].(2014-03-28)[2023-11-20].http://www.moe.gov.cn/srcsite/A13/s7061/201403/t20140328_166543.html.

文化中蕴含了卵石画校本课程设计的核心逻辑,对培养学生继承和弘扬传统文化非常重要。

卵石画校本课程设计注入了中华优秀艺术文化的基因,以取其精要、整合再现的优选原则,从浩瀚的艺术文化典籍中遴选有代表性的精华艺术元素,如厚德载物、和而不同、仁义至上、戒奢以俭的优秀文化思想。卵石画校本课程设计追求自然本真的自然之美、追求对审美和创造感知的超越美、追求艺术和谐的以和为美,这些都彰显了卵石画校本课程文化知识的广度与深度,体现了文化自觉与文化自信。卵石画校本课程中融入了中华优秀传统文化元素,使卵石画课程颇具感染力、感召力和传播力,这不仅加强了中华优秀传统文化教育还有助于加深学生对中华优秀传统文化的认识、喜爱、理解和传承。例如,卵石画课程中涉及的历史、文化等方面知识,可以让学生更好地了解人类文明发展历程和文化传统。学生通过诵读和刻画古代诗文经典篇目,理解作品大意以体味其深意,亦能够积累文化知识,更加了解传统文化和民族艺术的丰富性。

## (二)人文情怀

人文情怀也称人文精神,是人文素养的动力系统和最高层面,指个体在获得人文知识基础上,形成以人为中心的价值取向和情感态度。人文情怀具有鲜明的价值取向和时代精神,主要表现为个体具有以人为本的知识和意识,懂得尊重和维护人的价值与尊严,能够关切人的生存、幸福和发展。人文情怀可外延至对民族文化的了解与时代精神的感悟,而非仅限于人文思想、道德品质、心理素质等个体价值观层面。

卵石画校本课程是培养学生人文精神的重要载体,把艺术实践与人文理念的深度融合,为学生构建出立体化的人文精神培育路径。如在以"卵石肌理的触摸与造型塑造"为主题的课程内容中,学生不仅可以习得传统的绘画技法,还可以通过与卵石的对话体会"天人合一"的东方智慧。同时,因为课程以本地区有的卵石为载体,学生可以在辨识的过程中了解本地区地理变化和文明发展的脉络,卵石也成为承载乡土记忆的容器。卵石画的教学过程强调"以石观心",鼓励学生将红色记忆、扶贫故事等转化为叙事艺术,强化社会责任意识。此外,通过"卵石漂流记"的跨校创作课程,让不同地区学生以"石"为媒介进行文化对话,在思想交流、碰撞中深化对中华文化格局的认知。这种将个体生活体验与集体文化记忆相联结的教学设计,使人文情怀的培养优于道德说教。

## 二、以科学素养为动力

科学素养是与科学知识建构相关的过程,体现为获取、处理、分辨和表达科学知识并作出相应科学决策的能力。科学与艺术的融合日益显著,科学素养不仅对学生个体成长和发展有重要意义,而且对于社会进步和人类文明提升也有深远影响。鹅卵石具有形态各异的造型、变化万千的纹理、浑然天成的质地,自身所带有的美感元素与科学知识,如知晓"鹅卵石如何形成"的科学知识,是学生科学素养的直接反映。通过卵石画的学习和创作,学生可以用科学方法认识材料,更深入观察、分析和了解鹅卵石的形成。

### (一)科学知识

卵石画校本课程需培养学生初步认识鹅卵石产生的本质。

一是掌握与认知水平相适应的基本科学知识,获得分类与比较、分析与综合、概括与抽象、归纳与演绎等基本思维方法,能够进行初步推理和论证,且能够解释相关自然现象并解决简单实际问题。卵石画校本课程中融入了鹅卵石形成过程的理论知识,能够帮助学生了解区域地质情况、鹅卵石来源地、河道地形与水文等内容。如岩石性质、磨蚀力量与时间、搬运距离等因素会影响鹅卵石粒径大小。通常情况下,岩石越疏松则越容易被磨蚀,产生的鹅卵石粒径越小。河道流速快且水流落差大,将增大外物与卵石表面摩擦力度,岩石磨蚀越明显。由于河岸鹅卵石的搬运主要受水流速度影响且以推移搬运为主,因此鹅卵石随水流不断翻滚前进,同一河道中处于河流下游的鹅卵石粒径也会越小。

二是掌握观察、测量、解释等基本科学方法,形成科学探究意识,对提出问题、确立假设、设计方案、搜集证据、信息处理、得出结论、交流表达和反思评价等要素形成初步概念。鹅卵石形态包括圆状、次圆状、浑圆状、棱角状等多种类型。学生拾得的鹅卵石可能呈现出长扁圆体、扁圆体、圆球体、椭球体等形态,这是帮助学生了解图形与形状的绝佳时机。在此基础上,课程内容可逐步深化,教师可展示不同风化程度、搬运距离、硬度和岩性等条件下的鹅卵石。卵石画课程中融入卵石形成的地形流域、气候、地质等信息,在培养学生区域认知的同时,也能够使学生获得地点、方位、距离等区域空间特征知识,降水、气温等时间变化特点知识,数量、比例等地理要素知识等。

## (二)科学能力

卵石画校本课程可在感性基础上帮助学生发展理性思维,让学生能够将各种极具创造性的观点和想法,经科学规划和分析后转化为具体形象、图案。如石头的构造和形状具有几何特征,这些特征可以通过数学语言进行描述并分析。石头的表面可能会有凸起、凹陷、裂缝等形态,可用数学中的曲面理论和图形学方法进行建模,用图形学中的点、线、面等基本元素描述石头形状。

此外,卵石画校本课程不仅能够帮助学生养成基本科学态度,使学生具有探究大自然现象的好奇心和探索热情,养成热爱自然、节约资源、保护环境和推动生态文明建设的自觉性和责任感,促进学生大胆提出见解、实事求是,并提高保护自然的行动力。例如,由于部分河段存在鹅卵石过度开采情况,鹅卵石无法再发挥保护河岸堤坝、维持河流正常流动、净化河流水质、提供水生生物栖息繁殖庇护所等多重作用。卵石画校本课程内容中通过融合探究自然与保护自然的内在关系,能够让学生认识到过度开采会导致河岸堤坝垮塌、河道水体混乱、水土流失加剧、水生生物多样性受损等危害,提高热爱自然、保护环境的意识和能力。

# 三、以艺术素养为核心

艺术素养是指学生经过艺术教育后,能识别生活与自然中的艺术元素,发展艺术思维、理解艺术价值、习得艺术技能、感知多元艺术文化以提高审美情趣和培养健全人格。[1]绘画是一种形象交流语言,是学生发展想象力和原创力的最佳载体。任何艺术作品都是以美学为基本前提,以独特美学表现力彰显艺术风格与文化视角。卵石画校本课程作为艺术课程,是艺术的符号性载体之一。

## (一)审美感知

卵石画校本课程是对卵石画美的特征、意义与作用的发现、认识,如卵石画作品中富有意味的艺术形象、风格意蕴、情感表达等。学生在卵石画课程学习过程中,可通过色彩、线条、图像等表达生活的情感与乐趣,再现思想的发生、发展过程,将自我生活经验与美感相联系。卵石画校本课程中的情感体验与艺术感知,能够激发学生

---

[1] 潘娜.建构基于儿童艺术素养的教育新范式[J].课程·教材·教法,2017,37(8):122-127.

参与艺术活动的热情与兴趣,学生在欣赏、创作卵石画过程中,会形成健康且丰富的审美情趣。审美情趣是学生个体在审美经验基础上发展起来的审美涵养与审美素质,包括理性思维与感性情感。良好的审美情趣是架通人文情怀与人文积淀的桥梁,能够培养学生人文精神,提升学生艺术素养。学校通过卵石画校本课程在学生心中种下艺术的种子,使学生形成螺旋上升的多学科知识体系结构,掌握卵石画相关艺术知识,及绘画技能与方法,能够发现、感知、欣赏和评价卵石画,从而发挥卵石画校本课程启智与育德作用。

卵石画课程中可安排平面与色调构成等基本课程,学生了解构图理论后,在进行构图和色彩搭配时,他们能基于形式美规律表现卵石画作品思想。卵石画校本课程能培养学生的审美鉴赏能力,即学生能够对艺术形象进行整体把握,并采用艺术的方法、语言和手段,对卵石画作品进行评价。

课程内容注重多视角引导学生欣赏和设计卵石画作品,使学生能够准确地分析和理解作品的内涵和表现手法,并根据自己的审美标准和价值观进行评价,从而在创作过程中不断调整和完善作品,提升人文素养与专业美术技能提升。

## (二)艺术表现

卵石画作品艺术表现包括创作过程中想象和联想的发挥、色彩搭配与主题选择,完整的艺术表现有利于创作者融合卵石的自然美感和创作思想。

色彩搭配包含了卵石画艺术中涉及的与色彩相关的基础知识、搭配技巧、调和理论、对比理论等知识,掌握色轮、色调、色彩心理学等色彩基础知识有助于正确运用色彩。色彩能够影响人的情绪,了解不同色彩所代表的心理感受,可以更好地传达作品的主题和情感。掌握色彩搭配技巧,如邻近色搭配、类似色搭配等,可以提高作品的美感和协调性。了解色彩调和理论,如均衡调和、强调调和等,可以让作品更加和谐优美。掌握色彩对比理论,如明度对比、色相对比、纯度对比等,可以增强作品的视觉冲击力和表现力,让作品更加生动有趣。

卵石画创作以不同主题为素材,教师引导学生基于自己所思、所想、所悟,运用美术基本原理、造型色彩、造型元素,充分发挥想象力和创造力,依形作图进而创造出形式多样且意蕴丰富的作品,以提高文化底蕴和艺术素养,唤醒对美的追求和喜爱。卵石画创作可强调结构描述,减弱复杂的色彩明暗关系。各种水果、生活用品、儿童玩具、卡通人物等都可以作为学生描绘对象,如临摹米老鼠、唐老鸭等卡通形象。

## (三)创意实践

创意实践是学生紧密联系现实生活生成独特想法后,激发灵感进行卵石画艺术创新的活动。创造力是学生在创意实践过程中展现的独特思维和创新能力,即通过丰富的联想和想象将不同元素和概念进行组合,并把灵感体现在具体的艺术作品中。在创作过程中学生需要不断地挑战传统、突破自我,创造出新颖的形式和风格艺术作品。创造力是艺术创作的源泉,能推动艺术的发展和进步。卵石画校本课程中涉及的空间布局包括构图原理、空间透视原理、空间创造手法以及画面结构分析等内容,学生通过学习卵石画校本课程了解构图原理,并更好地把握画面的整体布局和平衡感,进行创意作画。学生掌握并利用深远法、高远法、平远法等不同空间创造手法让画面更加生动有趣,合理分布画面元素提高作品的协调性和美感,彰显画面层次感和表现力,从而让卵石画作品更加深入人心。

## 四、以劳动素养为支撑

劳动是人类所独有的、有目的的活动形式,也是人以自身活动来引起、调整、控制人和自然之间的物质变换的过程。劳动是人类最基本的生存方式,所有的劳动实践都是在身体的基础上衍生出来的,即劳动就是身体运动。劳动素养是学生在学习和劳动实践过程中逐步形成的劳动观念与能力、劳动习惯与品质以及劳动精神,它是劳动观念与能力、劳动习惯与品质、劳动精神的综合整体表现,这些共同构成劳动者的时代面貌。[1]

### (一)劳动观念与能力

劳动观念与能力通过劳动素养体现,劳动素养并非与生俱来,而是以运动为基础发展而来的。劳动素养内在于身体,只有通过劳动行为才得以体现。学生身体成长与意识发展是劳动素养的生成与生长体现。卵石画校本课程教学中要求学生收集、清洗、搬运鹅卵石正是培养学生劳动素养的过程。劳动观念是指学生在劳动实践中逐渐形成的,对基本劳动活动、劳动主体、劳动过程、劳动对象和最终劳动成果等方面

---

[1] 中华人民共和国教育部. 义务教育劳动课程标准(2022年版)[EB/OL].(2022-04-08)[2023-11-20]. http://www.moe.gov.cn/srcsite/A26/s8001/202204/W020220420582367012450.pdf.

的总体认知与看法,以及在此基础上形成的对劳动的基本态度和情感价值,表现为尊重劳动、尊重劳动者,明晰劳动的辛酸苦乐与实践意义,崇尚劳动,形成劳动最光荣、最崇高、最伟大、最美丽的意识。在卵石画校本课程教学中,清洗、搬运鹅卵石是学生应具备的基本劳动能力,能够正确使用常规劳动工具的表现。在此过程中,学生能增强体力、智力、创造力、操作力以及团队合作能力,而劳动能力是学生顺利完成与个体生理特点和年龄特征相符的劳动任务所需的胜任力。总的来说劳动素养是学生规划设计能力、交流合作能力和动手操作能力、问题解决与创新能力等在劳动实践中的综合表征。

### (二)劳动习惯与品质

劳动习惯与品质是基于经常性劳动实践后形成的稳定行为倾向和劳动品格,是学生劳动素养在行为上的体现,也是保障学生坚持不懈参与劳动实践活动的基本条件。其主要体现为学生能够在劳动实践中养成规范劳动、安全劳动、有始有终劳动等行为习惯,收获自觉自愿、吃苦耐劳、珍惜劳动成果等良好的人格品质。收集和清洗鹅卵石等劳动任务能够引导学生从初步掌握清洗小物件转为熟练清洗日常生活用品、打扫教室和居所,从在老师指导下参加动手劳动转为自觉养成个人卫生与清洁习惯、整理与收纳。因此其能让学生树立自己事情自己做、一分耕耘一分收获的意识,并提高自立自强能力,懂得人人都要劳动。

### (三)劳动精神

劳动精神是劳动素养的内核,是在学生劳动观念与能力、劳动习惯与品质培养进程中所形成和发展的。鹅卵石变废为宝的过程也能够让学生养成勤俭节约、开拓创新、艰苦奋斗、精益求精的优良品质。石头的坚韧不拔也有助于培养学生言行一致的行为规范,形成热爱生活、热爱自然的情感。

## 五、以健康素养为抓手

健康素养是指能够理解、获取、评估和运用相关健康信息的综合能力。健康素养含有多维度结构,具有层次性、综合性、终身性、互动性等特点,是健康理念与知识、健康技能与行为的整体表现。其中,健康技能与行为、健康理念与知识是健康素养的基本维度,包括健康观念、保持良好身心状态,能够进行有效交流沟通等。身体健康和心理健康是健康素养的两个表现方面,两者相互依存、相互促进。身体健康是人生存和发展的基础,是身体各系统功能指标正常、无疾病或疾病得到及时治疗的状态。心理健康指心理情绪稳定,能够应对生活中的压力和挑战。

## (一)健康理念与知识

健康素养来自健康教育,健康教育既包括正规健康教育课程,也涉及各种非正规健康教育机制。如将美术创作活动引入儿童心理咨询与治疗,儿童通过自发的美术行为无意识释放情绪,并创作艺术作品。在此过程中,"意象"成为当事人与治疗师开展交流与互动的象征性语言。

卵石画作为一种艺术作品,其创作过程可以成为情感宣泄和压力释放的途径,绘画既不会让学生感受到威胁,也不会让学生感觉难堪,是一种有效减压、放松心情和调节情绪的心理治疗方法。沉默寡言、对他人缺乏信任的学生,可能不愿意用语言倾诉自己心中的烦恼和困惑,教师可鼓励这类学生尝试用绘画方式进行抒发。如让学生用绘制卵石画的方式表达自己心中所想,不强求作品"好看",而是强调要表达的内心真实想法。教师要善于从学生的作品中发现隐含细节,从作品意象中准确了解学生,分析其心理症结所在,从而有针对性地进行心理疏导。学生的心理情感得到释放,甚至还享受作画本身带来的开心与愉悦,这种无声交流促使学生心理健康发展。

## (二)健康技能与行为

健康技能与行为则主要体现在三个方面。一是绘画创作需要热情、专注和耐心,卵石画创作可使学生集中注意力全身心投入,短暂忘却所有不快,其心灵得以平静。同时,由于完成卵石画作品需要两三天甚至更久时间,学生在绘画过程中将养成细心做事、坚持做事的好习惯,他们可以更好地应对生活中的挑战,更快乐、自由地学习与成长。二是学生也可从自己的创造中发现擅长的绘画领域,更好地发挥潜力,并在创作中获得成就感和满足感,丰盈内心世界,逐渐学会调节情绪。三是卵石画创作活动中需要师生交流与同学合作,能够增强学生社交技能和团队合作能力。在交流与合作过程中,学生可以更好地理解自我情感状态,并在教师和同学协助下找到适合自己的情绪管理方法。卵石画课程让学生通过卵石画创作表达与宣泄自我情感,在合作创作过程中有效协调人际关系,以减弱孤立无援的消极感受。

# 第二节　卵石画校本课程内容

　　课程内容是课程目标得以实现的载体。卵石画校本课程内容应充分设计和组织，整合学科知识与实践活动的直接经验，以开设素养本位的知识课程和学思用创的活动课程，实现知识育人和活动育人，体现知识性与技能性的统一。本课程解决了学用脱节、知行脱节或课内课外学习"两张皮"以及校本课程虚设问题，以此达成培养学生想象力和创造力，提升学生人文素养、科学素养、艺术素养、劳动素养和健康素养课程的目标。

## 一、素养本位的知识课程

　　知识教学是其他教育目的或教育宗旨的基础。虽然课程并不等于知识，但知识却必然是课程的组成部分，课程的目的是促进学生身心全面发展。课程承担着把学生培养成具有什么素质的人的使命，而核心素养是连接两者关系的重要纽带。素养是在动态发展过程逐渐形成的，是经过教育环境熏陶、教师指导和学生自身努力学习后，有关知识、能力与态度的综合表现，是学生内在基本的心理品质和良好的行为表现，是能够适应社会和个人终身发展需求的必备品格、关键能力和正确价值观。[1]卵石画校本课程需围绕核心素养进行课程的编排，在课程取向上突出素养取向，围绕核心素养育人目标开发特色课程，体现卵石画课程艺术性，反映卵石画育人理念，以及体现育人价值。

### （一）艺术理论知识

　　卵石画校本课程中的艺术理论知识立足于校本课程素养本位的知识，让学生获得有关卵石画的理论信息、价值观，旨在帮助学生认识艺术与生活、艺术与文化、艺术与科技等的关系。艺术理论知识是培养艺术素养的基础。它包括艺术的本质特征、功能作用、创作方法等内容。学生掌握卵石画相关的艺术理论知识可更好地理解艺

---

[1] 中华人民共和国教育部. 义务教育艺术课程标准（2022年版）[EB/OL].（2022-04-08）[2023-11-20]. http://www.moe.gov.cn/srcsite/A26/s8001/202204/W020220420582364678888.pdf.

术的内涵和外延,从而更好地欣赏和创作艺术作品。

在卵石画赏析课中,教师引导学生观察优秀作业,分析他们是如何巧妙利用卵石本身形状和纹理发挥想象力进行创作的。因观察角度和个人想象力的不同,相同或相似的纹理设计出来的作品也各不相同。卵石画校本课程设计应紧抓学生好奇心,使课程内容独具匠心、新颖鲜明,若课程内容过于深奥繁杂将很难发挥卵石画课程应有的效益。因此,课程应用通俗易懂又不失风趣的简单语言,精炼概括卵石画主题单元名称。卵石画课程学习作为其他学科内容知识学习"桥梁",具有事半功倍效果。如经典绘本赏析可以让学生饱览各种卵石画风格,体会色彩色调的艳丽饱满和生动形象的笔墨情韵,帮助学生提高卵石画鉴赏力,拓展学生美术视域。

## (二)艺术文化知识

从课程内容来看,我国工艺美术类校本课程设计多侧重于美术本体要素与实践环节,对美术课程文化性的关注不足。很多美术类校本课程的开发仅对造型、图案、色彩、材料、工艺等视觉要素与艺术特性进行深度挖掘,而忽视对艺术文化整体性的关注。[①]知识存在于一定的理论范式、价值体系、语言符号、空间、时间等情境化因素中,知识的意义是由其位于的整个意义系统所赋予的。一旦离开这种意义系统或特定情境,知识、认识者和认识行为皆不存在。即任何美术作品或艺术形式的诞生都有其独特的时空环境,并与相应时代的经济、政治、科技、文化等密切关联。想要了解某件艺术品或某个艺术家,就必须正确设想其所属的时代。素养本位的卵石画课程知识从文化、历史、科学等多视角还原绘画作品的生存环境,让学生了解各个时期不同美术流派和风格,发现不同时代美术作品之间的联系和差异,从而更好地欣赏和评价美术作品。

具体而言,卵石画校本课程编排应打破曾经单纯以学科知识为逻辑的设计依据,并增加以学生人文素养、艺术素养、科学素养、劳动素养发展为核心的课程内容。卵石画校本课程中所呈现的人文素养、科学素养、艺术素养和劳动素养解决了课程目标、课程内容和课程编排等要素单一的问题,突出卵石画校本课程编排的结构化与内在联系。素养本位卵石画校本课程内容实现了知识与素养的视域融合,以少而精的课程内容编排为原则,选择并重构卵石画校本课程内容材料,旨在提升学生审美感

---

① 陈建华.中小学工艺美术类校本课程资源开发的误区与对策[J].课程·教材·教法,2015,35(6):92-97.

知、创意实践、艺术表现和文化理解。卵石画课程中五大基本核心素养相辅相成,贯穿卵石画校本课程学习全过程。其中人文素养是卵石画课程学习的基础,艺术素养是学生进行卵石画作品设计的必备能力,科学素养是学生创新意识与创造能力的集中体现,劳动素养和健康素养则是学生健康生活和快乐学习的综合表现。素养本位的知识内容具有多层次、多类型的知识特点,各因素间存在着广泛的相互联系。

### (三)艺术拓展知识

卵石画校本课程价值的重点不在知识本身,其重要价值是卵石画课程所呈现的立场、观点和方法。为帮助学生理解和把握作品,了解作品及其表达方式何以诞生等问题,素养本位的卵石画校本课程,在内容方面引导学生探究和追问作品背后的个人精神与生命追求,开展卵石画审美感知、作品挖掘等活动,让学生能够更全面认识卵石画艺术,发展卵石画创作能力,明晰绘画与自我、自然和社会的联系,理解艺术本质。

该课程围绕不同艺术作品展开,提炼卵石画理论知识的相关主题。传统的美术作品欣赏学习,更侧重于作者背景、生平、代表作、绘画风格等方面知识内容,而较少从整体分析作品背后的精神意义,以及这些绘画作品所表达的情感关联、人生阅历、陶冶价值。素养本位的卵石画校本课程中的知识内容可使学生在欣赏艺术作品时,基于感觉、知觉与表象、思维、情感和想象等多种心理综合因素,理解作品所表达的意义和内涵,作品中的象征、隐喻和寓意。例如,米开朗琪罗的雕塑作品《大卫》,通过对人体比例和肌肉结构的精确刻画,展示了人类的力量美。凡·高的《星空》、达芬奇的《最后的晚餐》等,这些作品不仅是现实再现,更是艺术家们内心世界的投影。学生深入地理解作品中所蕴含的思想、情感,能够从作品中捕捉作者的绘画意图和表达方式,从而更好地传达作品意义,与作品产生共鸣,并从中获得启发和思考。

## 二、学思用创的活动课程

活动是生命的力量,是德智体美劳等素质生成的源泉。人的本质是实践生成的,而不是预成的,人怎样实践,人的本质便怎样,人想要怎样的素质便要从事怎样的活动。这是素质生成的基本机制。[①]基于唯物辩证法,身体是物质的、能动的、鲜活的、感性的,意识依附于身体而得以存在,意识与身体是统一的,而身体是实践体验的根

---

① 杨道宇.面向五育融合的课程设计原则[J].课程·教材·教法,2021,41(11):27-34.

本载体。因此,实践知识或实践智慧是与理论知识完全不同的知识形态。理论知识的价值在于运用,卵石画校本课程内容设计应跳出书本知识的局限,坚持实践导向大胆设计学思用创的活动课程,从而将学生日常生活与书本知识有效衔接,传统课堂也不再是学生获取美术知识与绘画技能的唯一信息载体。以校内校外新型融合方式,鼓励学生"走出去",学校为学生学习卵石画提供更多实践体验机会和拓展型学习资源,加强卵石画课程内容与自然社会联系。

## (一)卵石画活动课程设计

学思用创的卵石画活动课程以不同文化主题为单元,为学生提供艺术创作、人际交流、作品展示的平台,使学生能够综合运用各学科知识与技能,实现团队协作并解决问题,拥有良好的艺术体验并形成正确价值观念。学思用创的卵石画活动课程并非零散的简单肢体动作,而是连续的、关于卵石画学习的认知、情感、意志、道德等多维心理活动的全心投入。其不仅包括外显的身体动作,也涉及支持身体动作的心路历程,其是身心合一的行动。"学以致用"与"用以致学"都是学思用创的卵石画活动课程的根本方式与路径,一旦离开了"用"则难以学好,但割裂了知识的"用"就难以体现卵石画活动课程的价值性、社会性、情境性,使学思用创的卵石画活动课程难以起到智育之外的德育、体育、美育、劳动教育作用。[1]学思用创的卵石画活动课程强调课程形态并非以知识讲授为主,而是注重学生动手操作能力,实践性是学思用创的卵石画活动课程最本质的特征。学思用创的卵石画活动课程坚持动中启智健体,实现以动促学,以实践活动课程为主,立足乐学与易学,以唤醒学生创作兴趣与灵感。

学思用创的卵石画活动课程需要教师转变发展观、教学观和知识观。教师通过调动学生多感官,营造各种交流思想和实践创作的良好环境,以唤醒学生对卵石画的好奇心和畅想欲。不同于运用多媒体为学生创建虚拟空间,让学生凭想象感知课程目标、体验学习角色、完成学习任务的课程。学思用创的卵石画活动课程遵循实境化原则,以学生生活场域为抓手,构建课内课外、班内班外、室内室外相互联系的课程实践场域,让学生经历鹅卵石选材、收集、清洗、搬运、绘画以及作品分享等完整的实践过程,让学生手脑并用和知行合一,避免让卵石画课程成为单一机械性劳动技能训练课。

通过塑造亲子卵石画课程主题、户外写生课程主题等实践课程内容体系,学生可

---

[1] 杨道宇.面向五育融合的课程设计原则[J].课程·教材·教法,2021,41(11):27-34.

挥棒而画、就地而书,这种思维与运动相结合的方式,使卵石画课程富有趣味性、具身性。学生在绘画中自由思考,在合作中解决问题,实现"做中学""学中做",以劳增智、以劳育美、以劳促技、以劳创新。

## (二)卵石画活动课程的概览

学思用创的卵石画活动课程有助于培养学生的创新人格和提高学生的经验水平,有助于激发他们参与卵石画课程的积极性、主动性和创造性,从而提高自我艺术表达和创意表现能力。该课程可强化学生的情感价值体验感,改变学生对美的认知,让他们养成创新意识,并将创新意识付诸实践。

例如,四川省宜宾市翠屏区西郊中心小学校地处金沙江畔,学校美术老师便充分利用金沙江边形形色色的鹅卵石资源,组织学生到江边亲自寻"宝"。学生各自挑拣喜欢的鹅卵石,然后在教师的指导下学习如何在鹅卵石上作画。由于鹅卵石材料具有特殊性,在鹅卵石上绘制图画比在纸张上绘画更有能激发学生想象力、构思能力和创作兴趣。学生从最开始漫无目的随意涂鸦,到逐渐能够进行植物花草、虫鱼鸟兽等内容创作,他们的画作品逐渐精彩纷呈,令人叹为观止。

四川省石溪镇中心小学地处岷江之滨,色彩丰富、形态各异的鹅卵石资源取之不尽。石溪镇中心小学校的老师利用这些鹅卵石资源,设计以欣赏和评述为主的"打扮石头"、造型与表现为主的"卵石脸谱"、设计与应用为主的"卵石造型"以及综合与探索为主的"卵石游戏"共四种教学内容。"打扮石头"是把一块普通鹅卵石装饰成具有趣味的艺术品,显示了学生潜藏的审美理想与艺术个性;"卵石脸谱"则体现出学生对自然材料和文化资源的巧思妙用,其是对脸谱文化的传承与创新;"卵石造型"是学生充分利用鹅卵石本身色彩、形状与肌理展开联想,经过画、贴、粘等手段将平淡无奇的石头变成工艺品,体现学生独特创造性;"卵石游戏"是教师组织学生基于卵石画作品进行情景剧排演,以游戏方式使学生体会到艺术创作带来的无限乐趣。

这些以趣味性实践活动为主的卵石画校本课程内容,不仅能够提高学生的审美,还能加强学生的绘画功底,同时也极大提升了学生关于卵石画校本课程学习兴趣和创新技能。

# 第三节 卵石画校本课程编排

课程编排是基于课程目标对课程进行系统筹划的过程,该过程可形成课程规划的文本。卵石画校本课程编排应遵循相应编排原则,并确立具体的卵石画课程编排策略,最终达成科学编排的效果。

## 一、卵石画校本课程编排原则

卵石画校本课程编排原则是卵石画校本课程编排主体依据既定编排目的,遵循校本课程编排规律,借助校本课程编排原理而制定的用于指导编排流程的基本行动要求。它是卵石画校本课程编排执行过程中的动态性法则,作为对客观现实的积淀与反映,卵石画校本课程编排原则体现出了人的主观能动性与客观实在性的有机统一。

### (一)科学性原则

科学性原则强调卵石画课程的编排追求教育理论、教学方法、学习过程富有科学依据,并形成一体化育人体系。学生的成长是从不精确、笼统地认知事物到精确系统地感知事物的过程。鉴于此,卵石画校本课程设计应将各类课程按横向顺序组织起来,并按纵向学段发展序列进行编排,使课程内容在循环中得以拓展和深化。即卵石画校本课程编排需遵循学生生理差异和能力发展规律,满足学生身心发展阶段性与连续性相统一的特点、基础性和发展性相统一的本质要求,其内容循序渐进、由易到难、由浅入深、由低到高,在体例上遵循卵石画课程主题与背景相结合的特点,同时多种类型题材与绘画风格作品相穿插、知识趣味性与实用性相互交织,分段式设计具有周期性和挑战性卵石画学习项目。该课程还为各学段学生量身定制了卵石画校本课程内容,使各年级卵石画课程有机整合、相互衔接,实现卵石画课程一体化。

1.低年级阶段卵石画课程应以启发性为主

从学生个体心理发展水平来看,小学低年级学生的元认知能力水平较低。好奇心强、活泼好动,缺乏认知与思维过程、学习与认知策略等方面的知识。尤其小学低年级学生的注意力有限,学生从事绘画活动多以兴趣驱动,难以进行有效调控。因此,我们在设计卵石画校本课程时,要选取学生感兴趣的卵石画课程内容和素材,紧抓学生兴趣触发点,以此增强学生学习卵石画课程的积极性和能动性。同时,在编排卵石画校本课程的过程中需注重幼小衔接,科学评估学前教育结束后学生的艺术发展水平,以合理设计小学低年级卵石画基础性课程。课程内容可侧重于学生劳动习惯、形状认识,以游戏和活动为主。对低年级学生而言,卵石画校本课程目标应以感知和认识卵石画的造型美,能够发现、欣赏不同形状鹅卵石的独特造型艺术为主。在此基础上,学生可以选择喜爱的鹅卵石形状和不同色彩颜色,以简单的点、线等图形为主的绘画方式对其进行装饰和美化。

2.中年级卵石画课程以拓展性为主

中年级卵石画校本课程以理论讲解与主题活动为主,课程目标则应要求学生在教师引导、提示和帮助下,掌握色彩冷暖、线条动静等知识,并善于运用形式原理、造型元素、简单绘画和欣赏评述等方法。同时了解实用与美观相结合的设计原则,设计既好看又具有装饰作用的卵石画作品,体会绘画设计美化环境与生活的功能,以及基于中国传统艺术形象进行卵石画制作,逐渐形成设计意识,并学会表达自我设计想法。

例如,卵石画课程内容可以以唐诗宋词、人物传说、传统节日为主题,鼓励学生将喜爱的古诗词写在卵石画上,学生不仅能够认识汉字、了解识字,感受汉字形体美,同时也能够感受经典艺术,加强对中华优秀传统文化的亲切感,加深对中华优秀传统文化的热情与感情。

3.高年级卵石画课程以探索性为主

依据学生从小学中年级到小学高年级在学业认知、情感和社会性等方面的发展实情,教师准确把握卵石画课程深度与广度变化,以课程目标的连续性和进阶性为导向,以提高学生对卵石画文化的欣赏力、感受力和表达力为重点,以社团实践活动等方式协调规划教学课程内容。高年级学生可逐渐涉及明暗透视、抽象图形等内容,并基于人与自然和谐共生设计原则,感悟世界美术作品的多元性风格以及背后的文化差异,创作出具有深度的卵石画作品。除能够综合运用学习的艺术相关知识进行主题创作外,学生还能够对自己的作品进行创意解说。

## (二)人本性原则

教育的终极目的是培养人,培养人的最终目的是人的发展。因此,以教育为手段促进学生发展是教育的基本职能,学生发展包括身体和心理两个方面以及个体和社会化两个方向的发展。尽管国家课程与地方课程都旨在促进学生发展,但国家课程更多对学生共同或统一基本素质发展进行要求,地方课程除比国家课程更具地方特点外,也同样不把某一具体学校学生作为课程设计参照依据。只有学校校本课程开发满足这一需求,换言之,校本课程开发的首要任务是满足本校学生的实际发展需求。卵石画校本课程编排的人本化原则强调校本课程编排必须基于本校学生。育人目标是卵石画校本课程赖以形成和发展的内在动力,离开了校内人的关注,卵石画校本课程编排的人本化原则将荡然无存。卵石画校本课程在编排过程中应关注学生个体的内外发展,即学生通过卵石画活动课程不断将艺术知识的内化过程,和学生通过活动将已有个性艺术品质充分表现出来的外化过程。

### 1.卵石画校本课程强调学生个体发展

卵石画校本课程编排需处理好传统校本课程编制过程中关于社会价值与育人价值关系间诸多不尽如人意之处。学校不能因重视卵石画校本课程编排的社会目的,而忽略了卵石画校本课程育人价值应有的地位,甚至在两者产生冲突矛盾时,以弱化卵石画校本课程育人价值为代价满足社会发展需求。卵石画校本课程编排应坚持以学生为本的基本理念,通过尊重学生个体发展,确保所有学生都能够充分发展,要把促进所有学生都发展作为基本任务。每一个学生都有独特能力和个性,每一个学生都有获得个性化发展的权利,卵石画校本课程应致力于使所有学生艺术素养、人文素养、健康素养、科学素养、劳动素养等不断提升,使学生的绘画能力、审美感知、艺术气息持续发展。

卵石画校本课程编排的基本目的,在于帮助学生了解卵石画这一艺术表现形式并掌握创作技能。如让学生了解卵石画历史和其他国家在运用石材进行艺术创作方面的知识,感悟世界对美的追求和美的多样性与差异性;学生能根据主题或情境发挥想象力,选择不同形状、纹理的鹅卵石,学习并综合运用色彩搭配、形状、线条等造型元素,设计出情境生动、意蕴健康且符合主题要求的卵石画作品;学生能够在各种场合向他人自信地介绍自己的卵石画作品,也能够欣赏和评述不同卵石画作品,包括造型元素、形式原理、设计灵感、意境表达等,从而提高语言综合运用能力,并养成尊重、友爱、互助、理解和包容的人生态度。

### 2.卵石画校本课程编排关注学生"学习"过程

为全面推进素质教育,卵石画校本课程内容需充分调动学生的学习兴趣和主观能动性,使学生在卵石画校本课程学习中主动发展。学生始终是卵石画校本课程的主体,卵石画校本课程设计围绕学生的学习兴趣、学习需求和学习期待展开。甚至学生可自主安排学习进度,自主选择绘画内容。因此,卵石画校本课程编排需跳出以往如何教的视角,而转向学生应该如何学。以学生艺术发展和生活经验差异性为依托,以学生人文素养、艺术素养、科学素养、劳动素养和健康素养发展为依归,秉承"学生为中心"的课程设计理念,精心设计能够满足不同发展阶段学生的卵石画课程内容。如在设计卵石画创作型体验课程时,学校教育工作者需关注学生想象力,不能始终统一预设绘画内容,或采取重临摹轻创造方式,这会使学生在卵石画创作中形成固定和独立的审美形象,无法就不同美术作品进行贯穿联想,也无法准确阐释不同绘画学派和美术风格之间的内在关联。学校应致力于打破学生理解能力与思维定势局限,鼓励学生自主设计、自由发挥、自由创作,多从生活经验中汲取灵感。

## (三)时代性原则

课程并非一个价值无涉领域,而是受到价值观引导的,价值关涉是课程的显著特征。尤其课程编排关系育人方向、目标与归依,是落实立德树人根本任务的实践方略。基于时代政治要求设定课程目标、编排课程内容是古往今来一贯的教育使命。自新中国成立以来,我国教育目的表述虽历经变化,但精神实质一脉相承。我国教育目的的根本属性是社会主义,而人的全面发展是我国教育目的的基本使命,即教育需促进学生在才智、道德、体质等方面成长,体力与脑力两方面协调发展。《义务教育课程方案和课程标准(2022年版)》指出,课程建设需坚持正确的政治方向与价值导向,落实党的教育方针,以增强课程思想性。强化社会主义先进文化、革命文化、中华优秀传统文化等方面的教育,引导学生树立正确的世界观、人生观、价值观。卵石画校本课程坚持以中国特色社会主义制度为指导,坚持校本课程建设的社会主义方向,并遵循新时代中国义务教育主流价值观。

一是卵石画校本课程设计遵循为党育人、为国育才的基本原则,坚持立德树人初心,并将其作为卵石画校本课程建设的根本任务,融入党的思想政治价值理念与精神追求,在课程目标取向、育人活动实践上聚焦发力、前后呼应,使卵石画校本课程设计具有坚定的方向性。同时学校选择与社会主义核心价值观相契合的卵石画艺术作品,从而将社会主义先进文化融入卵石画校本课程,把卵石画课程的艺术性与育人目标紧密结合,凸显卵石画校本课程设计的思想性。并以此回应"培养什么人""如何培养人""为谁培养人"的三大教育根本问题,有效落实党的教育方针政策与立德树人根本任务,并彰显我国社会主义制度的特色,深化学生关于政治认同、文化自信、家国情怀、生态意识等观念性理解。

二是以培养德智体美劳全面发展的社会主义建设者和接班人这一党的基本教育方针政策为引领。为培养社会主义合格的建设者和接班人,培养素质相通的德智体美劳全面发展的学生和能够勇担民族复兴大任的时代新人这一育人目的,课程编排需秉承开发人力、培育人才、完善人格的职能。卵石画校本课程编排应该完全以培养学生在德智体美劳等方面综合发展,使学生综合素质全面提高,以成为具有创新意识、知识和能力的四有新人为行动取向。学校通过开展素养本位的知识课程和学思用创的实践课程,在帮助学生领悟形式美规律的基础上,深化课程内容设计。课程把不同学科知识融为一体,从建筑、历史、文化、地理等多视角帮助学生理解卵石画,引导学生能够对卵石画作品进行更加深入且全面的思考,熟练运用各项图形构成法则,启动创意思维,以增强卵石画创作体验感,培养学生的人文素养、科学素养、健康素养、劳动素养和艺术素养,帮助学生掌握未来发展所需的关键能力和必备品格,实现五育并举。

三是卵石画校本课程是对国家艺术课程标准的校本化表达,是协调国家和地方艺术课程关系的纽带,是对国家和地方课程的调适与创新。因此,卵石画校本课程开发始终根植于国家艺术教育政策与课程标准所追求的共性目标,确立课程设计整体观。换言之,卵石画校本课程设计与编排必须改变以往的方式,并基于整体课程设计观,在国家课程标准的指导下,对学校和地方可利用艺术资源进行重组和改造。卵石画校本课程目标确定、内容选择和课程实施等都应以国家艺术课程体系为依托,依据国家课程标准,统整地方教育资源。这就要求学校在设计卵石画校本课程时,应将卵石画校本课程的特色目标与国家艺术课程的一般目标相结合,把特殊性寓于一般性中,使卵石画校本课程的特色目标、内容与实施,与一般课程目标、内容与课程体系发生联系。卵石画校本课程的特色性与国家艺术课程的一般性相结合,有利于卵石画校本课程与国家艺术课程密切联系与配合,真正发挥卵石画校本课程与国家艺术课程的优势。

## (四)本土性原则

卵石画校本课程发生并发展于特定地理环境,已出现的历史文化、民俗风尚、民间传说、先贤人物、古建筑群等蕴含着丰富的本土知识和社会经验。学生生长于这些本土知识与社会经验包围的环境中,能够无意识地接触这些资源。学校主动接纳这些地方独有的教育资源,可以促进校本课程特色开发与转化。例如,浙江杭州富阳区的龙门古镇因是三国时期孙权后裔聚居地,是"江南古村落"的"活化石",当地学校基于龙门古镇资源成功开发涵盖孙氏文化、民风民俗、文人吟诵龙门诗文等以当地丰厚的人文历史资源为核心的校本课程。[①]

卵石画校本课程绝不是随意开发的课程,更不是学校在原设美术课程门类基础上多添加几门课程而已。卵石画校本课程开发不仅要考虑国家民族认同的需要,还需要考量地方学校特定教育生态以及社会文化的需要,接纳地方特色并合理利用,突出地方资源形式多样性、内容丰富性、审美原创性、设计乡土性,凸显地方风土人情、风俗习惯与浓郁本土气息。各学校依托当地民俗文化、节日习俗等文化艺术资源,聚焦本土地理人文、风土人情、历史遗产等元素,兼取适宜经典内容,通过比较、筛选、补充、改编、拓展、优化等方式,将地方故事、代表人物、历史事件等文化经典融入卵石画校本课程中。卵石画校本课程设计可直接融入地域文化,也可融入地方教育理念、精神、价值观等隐性内核,让当地艺术文化资源通过卵石画校本课程进入学校、走进教室、惠及学生。这样既提升了当地区域教育资源利用率,也充实了卵石画校本课程内容,有益于满足学生个性化发展需求,同时也使卵石画校本课程开发具有个性化和特色化。

例如,北京京剧艺术当中的脸谱是历经文化演变而逐步形成公众认可的表现艺术。脸谱是基于夸张手法将生活中特殊形象放大,白色的"脸谱"代表阴险狡诈、黑色的"脸谱"代表正直无私、紫色的"脸谱"代表刚正威武、红色的"脸谱"代表忠勇侠义等,其色彩丰富、纹样与线条独特的造型,体现了传统艺术设计美感与色彩美感。[②]北京当地学校以传承和弘扬非遗文化为使命,依据学校教育目标、办学目的、学校条件、地理位置、师资等因素,将当地非遗文化与卵石画校本课程有效衔接,开发出具有区域特点的脸谱卵石画特色校本课程,让学生感受独具特色的民间艺术及其背后蕴含的地域文化和民风民俗。

---

[①] 李臣之.校本课程开发的三个基本问题[J].课程·教材·教法,2012,32(5):8-14.
[②] 胡剑辉.优秀传统文化的形象美与地方中小学美术课程的重新构建[J].教育科学,2015,31(6):60-63.

## 二、卵石画课程编排策略

为发挥卵石画校本课程在强化学生人文素养、艺术素养、科学素养、劳动素养和健康素养等方面的作用,避免卵石画校本课程盲目开发等问题,学校必须注重卵石画校本课程建设的规范性。

### (一)确立规范化卵石画校本课程设计实施方案

卵石画校本课程开发需要适宜的制度环境,课程开发主体对所开发的卵石画校本课程类型、内容、目标、实施、评价等进行全面思考、明确定位、统一规划,确立卵石画校本课程设计具体方案,建立以卵石画校本课程引领教学、教研的开发机制。这种制度环境能够赋予卵石画校本课程开发主体权利,并给予卵石画校本课程开发能力和动力,从而使学校卵石画校本课程得以开展并有序推进。例如,北京市北京科技大学附属中学依托学生核心素养发展要求,建立了以学生核心素养发展为目标指向,以学科知识发生过程为逻辑线索,精选学习材料、构建学习情境、设计学习活动,使学生在知识掌握过程中提升综合能力,并达成核心素养发展目标的课程实施方案。

一是制定区域校本课程开发宏观指南、计划与规划方案,强化校本课程开发指导与顶层设计。我国为增强学校教育办学活力,加大了学校对校本课程的开发权。但学校校本课程政策对学校自身校本课程开发等系列流程规范程度不够,导致学校校本课程找不到政策依据,得不到相应政策支持。任何决策都是价值综合体的表征,而政策价值是政策主体需求与政策客体有用性的相互作用与有效凝聚。它体现了政策主体的价值观念、思想意志、利益取向等综合表现,既反映了集体内在需求和社会发展必然要求,又从政策高度明确了本区域校本课程开发的基本价值取向、既定目标,让卵石画校本课程开发具有整体方向性而不再处于放任自流状态。通过提升区域校本课程政策的合理性,实现合法性与合理性有机统一,加强区域政策关于校本课程开发的指引、规划与协调功能,真正把卵石画校本课程开发规划落到实处,能够对学校教师开发卵石画校本课程予以制度性鼓励与支持。

二是通过对学校内部和外部环境,以及内外环境中相互作用因素进行全面分析,系统分析卵石画校本课程设计问题,学校确定卵石画校本课程的编制目标。学校将卵石画校本课程作为学校课程的组成部分,将其置于整个学校课程计划中进行规划设计,明晰卵石画校本课程构建方案,这是卵石画校本课程等任何校本课程开发流程中必不可少的环节。将卵石画校本课程开发过程作为课程的集体研究与决策过程，能够加强对学校领导与教师关于卵石画校本课程研发的指导力度，有效克服卵石画校本课程开发意识与能力不足的困难，体现卵石画校本课程是经科学规划和系统教研后的结果。既保证了卵石画校本课程开发的流程规范性、开发程序化，也有益于上级主管部门对卵石画校本课程的审议，使得卵石画校本课程开发过程中的问题逐渐清晰，决策更加科学合理。

三是通过召开卵石画校本课程建设专题会议，以及专业座谈等方式向学校全体教职员工说明卵石画校本课程研发方案、课程内容以及研发价值与影响等，并根据卵石画校本课程研发方案和教师专长向学校各教研组分配任务。卵石画校本课程研发方案明确，能够促进卵石画校本课程从理念课程到文本课程的顺利转变。卵石画校本课程建设的规范化，也有助于减轻学校进行卵石画校本课程开发的盲目性、随意性和焦虑情绪，对提升卵石画校本课程质量大有裨益。

## （二）鼓励多元化主体协同开发卵石画校本课程

卵石画校本课程建设既是群体行为，也是一项系统工程。卵石画校本课程开发得到家长和社会人员广泛参与支持，有利于学校卵石画课程的可持续发展。学校可成立由校长牵头的课程开发、实施、研究与管理团队，在尊重学校教师关于卵石画校本课程设计自主权的基础上，把卵石画校本课程开发组织领域中的相关主体都纳入其中。地方教育部门行政领导、学校管理者与教师、家长与社区群策群力，共同审议、合作共建，推动整个卵石画校本课程设计工作协调发展。

### 1.教育行政部门牵头

国家课程、地方课程和校本课程包含了三级不同课程领导责任，是课程管理体制上的划分。国家课程，由国家层面课程专家提出的课程总体要求；地方课程是地方层面课程领导，立足地方实际转化国家课程；校本课程是学校教育工作者基于自身现实，对国家课程和地方课程要求的回应与转化。然而，校本课程开发并不等于教师和校长开发，而是以学校为基地的集体开发。卵石画校本课程开发对教师专业知识、专业精神和专业能力要求较高，而中小学教师主要职能任务是教育教学，课程与教材研究并非教师主责，更非教师擅长。研究能力是一种较为专业的能力，需要历经长期专业化训练，而校本课程设计与编排是一种专业性较强的实践活动，需要教师具备一定水平的研究技能。职业的规定性必然限制了广大教师研究能力的发展,真正意义上的校本课程开发要求教师具有明确的课程意识、课程自觉及课程研制能力,这是许多教师所不具备的。[①]目前,我国部分中小学所开设的校本课程质量参差不齐,严重影响学校人才教育与培养工作。因此,教育行政部门可组织专业力量对在地化教育资源与文化资源等进行收集、整理和提炼,为地方和学校开发卵石画校本课程提供专业的背景信息。

2.学校勇担卵石画校本课程开发责任

卵石画校本课程开发应注重学校情境,让教师和学生能够参与卵石画校本课程编制过程。如北京市东城区史家小学秉承史家教育集团"为教育提供无限可能"的课程理念,开发了黏土动画校本课程。课程内容包括剧本创作、绘画三视图与分镜、制作黏土人偶与道具、拍摄与后期处理、音乐选取与配乐等。北京市东城区史家小学在黏土动画校本课程开发过程中,鼓励跨学科教师协同参与课程设计。包括语文学科教师编写剧本,美术学科教师绘制分镜和人偶制作、负责道具制作,信息技术学科教师主要负责拍摄和后期处理,音乐学科教师则可以进行配音配乐。循此而论,卵石画校本课程开发的过程也需学校充分调动美术教师、科学教师、语文教师、数学教师、体育教师等多学科教师的积极性。语文教师找寻吟咏石头的诗词歌赋,体育教师负责带领学生搜寻鹅卵石,美术教师负责绘画制作与作品展示,科学教师和数学教师可以进行工艺制作等。学校利用有效分工机制激发中小学各学科教师对卵石画校本课程设计的主动性和创意性。

3.鼓励高校、社区和家长等协同共建卵石画校本课程

一元化主体可能致使卵石画校本课程开发缺乏内在动力,若没有校外专家学者的深度指导,卵石画校本课程开发品质也将会受到严重影响。且各学校相互独立地进行卵石画课程设计,可能会导致艺术教育校本课程内容出现趋同,出现教育资源浪费现象。鉴于此,中小学校本课程开发主体开始呈现多主体协商共建趋势。

中小学联合高校资深教授、社会资源单位和优质教育机构开发校本课程,这对解决中小学完全独立自主开发校本课程中面临的理论知识局限、优质资源欠缺困局具有重要作用。首先,若中小学联合高校以及其他学校教师共同开发,在充分挖掘卵石

---

① 全国十二所重点师范大学联合编写.课程论[M].北京:教育科学出版社,2007:290.

画课程资源基础上,他们还可实现卵石画课程资源共享机制,实现利益最大化。其次,社会资源是校本课程研发的重要力量。社会层面可广泛吸纳当地史学专家、绘画专家和手工艺者等人员,共同商讨和确定可以采用的艺术内容,以汇聚不同信息流。最后,学生家长职业、技能不尽相同,学校可通过召开家长会或家访等方式,深挖学生家长中善作画、会雕刻、知历史的优秀艺术人才,以自愿或特聘方式遴选出特长突出、品德优良、技艺高超的家长,使其成为卵石画校本课程设计重要成员,并给予家长奖励或补助,促进卵石画校本课程家校社协同共建。

## (三)秉承文化自觉落实卵石画校本课程编制

文化自觉既不是全盘西化和完全他化,也不是文化回归,而是人类对自身所属文化的一种自知之明表现。艺术是文化表现的形式之一,是文化传播的工具与手段。文化则是艺术的灵感来源与组成部分,是人存在的根和魂,是人类基于自觉意识而迸发的灵感、更新的观念和表达的情感。艺术文化是民族精神的基本载体,艺术课程也是传播艺术文化的重要手段。艺术课程需秉承文化自觉要义,始终保持对文化价值、文化意义和文化地位的深度认同,牢固树立文化发展、文化建设、文化进步的责任意识。艺术课程中的文化自觉并不只是教育工作者内在意识上的自觉醒悟,更是在实际课程设计和课堂教学行动方面的行为表现。

卵石画课程作为一种艺术课程,其课程编制应以文化为根。校本课程的开发,首先要解决的不是技术问题,而是从文化与文化传承的高度、从文化的多元性与包容性的角度来认识并认同境域性知识,摆正境域性知识在整个知识体系中的位序,摆脱被普适性知识与官方知识边缘化的处境。[①]课程对知识进行整理和选择的过程,实则是教育保存、传承和传递文化的过程。国家课程是承载官方知识、传承主流文化、传递普适性知识的载体;校本课程则是民族知识、地域知识和乡土知识,以及所对应的民族文化、地方文化和乡土文化的载体。主流文化与民族文化两者缺一不可,共同服务于人类知识的传承与可持续发展。

卵石画校本课程的开发并非开发一门课程,其更深远、更重要的意义在于传承民族文化、地方文化和乡土文化。其目的是把地方文化吸纳进课程体系,使文化特色能够在卵石画校本课程中得以体现。若卵石画校本课程开发不够深入、不够系统、不够

---

① 刘丽群,周先利.校本课程深层开发:何以可能[J].湖南师范大学教育科学学报,2020,19(6):92-98.

特色,隐含的是民族文化、地方文化和乡土文化整合不足,甚至是卵石画校本课程中文化因素的流失和衰落,部分课程为校本而校本的形式主义现象令人担忧。各民族在不同生态环境和历史文化发展过程中,形成相对固定的艺术表现形式,但不同民族文化构成多元文化校本课程设计与开发的人文背景。

为使卵石画校本课程具有历史深度和文化广度,而非单纯只是美术课程的拓展,就需要在卵石画校本课程开发前,对当地文化的历史内涵和文化资源进行整理,同时在卵石画校本课程开发过程中对无深度可挖和文化元素不足的素材内容进行筛选,重视和突出优秀传统文化。卵石画课程内容的选择是一个价值抉择与价值判断的过程。卵石画校本课程开发的知识与文化的选择,应以民族文化平等为基础,在充分了解各民族文化教育价值基础上,将各民族艺术等文化融入卵石画校本课程,合理协调卵石画校本课程中的现代文化与传统文化、外来文化与本土文化、地方文化与国家文化等多重关系。既要突出本民族文化内容,又要兼顾其他各民族文化内容,选择适合的多元文化构建具有文化特色与文化底蕴的卵石画校本课程。例如,传统文化和现代文化两者之间其实并不是对立关系,而是关于文化变迁与文化适应的历史过程。在进行多元文化卵石画校本课程开发时,并非要在卵石画校本课程内容中完全保留民族文化的方方面面,而是要在卵石画校本课程中保持中华优秀传统文化、民族文化等核心价值与文化精神内容。卵石画校本课程开发的多元文化知识选择,有利于避免卵石画校本课程文化知识内容的一元化,这既是尊重文化的多样性和差异性,也是拓展卵石画课程知识来源,实现多元文化传承与创新的表现。如我国国学经典广博精微,蕴藏着中华民族上下五千年历史中的智慧精髓。为此全国不少中小学基于国学素养视角开设与国学有关的校本课程,以四书五经、唐诗宋词等经典国学文本为校本课程主要内容。如重庆市渝北区花园小学校就以传播国学素养为使命,将增加学生文化自信、文化自觉为学校重点教学任务,以奠定学生传统文化知识基础为课程编排目的,从而开发了国学素养视角下小学古诗文校本课程,旨在依托古诗文精华滋养学生内在精神世界,切实提升学生语文素养与国学核心素养。

# 第四节 卵石画课程设计校本实践

为切实分析卵石画校本课程目标与课程内容,本文以成都东部新区壮溪小学校卵石画校本课程为例,对卵石画校本课程目标与课程内容进行分析。

## 一、课程目标

成都东部新区壮溪小学校根据核心素养要求,将卵石画校本课程与人文素养、艺术素养、科学素养、劳动素养和健康素养统合结合,确立了卵石画校本课程的总目标和分目标。

### (一)卵石画校本课程总目标

成都东部新区壮溪小学校为培养学生在真实情境中综合运用知识解决问题的能力,设定了5个卵石画校本课程总目标。一是感知、发现、体验和欣赏艺术美、自然美、生活美、社会美,提升审美感知能力。二是丰富想象力,发展创新思维,运用卵石创作情境生动、意蕴健康的艺术作品,参与展示活动,提高艺术表现能力,提高语言综合运用能力,提升创意实践能力。三是感受我国民间艺术的文化底蕴,培养环保意识和热爱大自然、热爱生活、热爱祖国的情感。四是学会欣赏、尊重、理解和包容。五是能将美术与自然、社会及科技各学科知识相融合,学会探究解决问题。

### (二)卵石画校本课程分目标

卵石画校本课程分目标包括一阶课程目标、二阶课程目标和三阶课程目标。

一阶课程目标涉及四个方面。一是感知身边美,认识美存在于我们生活周边,形成发现、感知、欣赏美的意识。二是初步了解卵石画这一艺术表现形式,初步学会根据卵石形状与自我感受发挥想象力,设计出不同作品,初步形成设计意识,开展创作活动。在创作的过程中学习色彩搭配、形状、线条等造型元素知识,并进行实践运用。三是敢于介绍自己的作品,懂得欣赏他人作品,并能运用所学知识评述他人作品。四是能积极参与卵石画的选材、创作、展示活动,并在活动中获得积极的情感体验。

二阶课程目标涉及四个方面。一是认识卵石产生过程,欣赏天地奇石,形成尊重自然、敬畏自然、热爱自然的意识,坚持人与自然和谐共生的态度。二是根据卵石形状、纹理充分发挥想象力,开展创作活动,设计出不同作品,表达自己的所见所闻、所思所想,形成设计意识。在创作的过程中能灵活运用色彩搭配、形状、线条等造型元素知识。三是运用造型元素、形式原理等向他人介绍自我作品,欣赏、评述不同卵石画作品。四是将美术与传统节日、传统文化,语文、音乐、体育及信息科技等相融合,积极参与综合实践活动,创作情境生动、意蕴健康的卵石画作品,提高综合探索与学习迁移能力。

三阶课程目标涉及五个方面。一是要求了解卵石画的历史和其他国家在运用石材进行艺术创作方面的知识,感悟世界对美的追求、美的多样性与差异性。二是能根据主题或情境发挥想象力,选择不同形状与不同纹理的卵石综合设计出符合主题要求的作品。三是介绍和评价作品,介绍和评价要按照元素、形式原理、设计灵感、意境表达等要点分别阐述。四是积极参与综合实践活动,为学校设计创作一幅情境生动、意蕴健康的卵石画作品毕业礼。五是能结合综合实践活动过程,创编卵石画微视频,提高综合能力。

## 二、课程内容

卵石画校本课程整体目标下设卵石画校本课程三阶分目标,一阶、二阶和三阶课程目标及相应内容介绍如下。

### (一)一阶课程内容

卵石画校本课程一阶课程内容主要包括三个部分。

一是初识卵石画。初步认识卵石画这一艺术表现形式,感知卵石画的形状美、色彩美、创意美,激发学生对卵石画兴趣和热情。具体课程内容要求包括观赏校园景物,感知石材在美化环境中的作用;观赏卵石画作品,了解卵石画表现形式,感知其形状美、色彩美、创意美以及在环境美化中的运用手法。

二是进行水果、蔬菜、花卉以及文体用品等主题的学习。引导学生根据卵石形状发挥想象力,基于水果、蔬菜、花卉,文体用品等依形作图。具体课程内容要求,学生观赏各种形状卵石创作的卵石画作品,教师鼓励学生尝试利用卵石的不同形状,进行水果、蔬菜、花卉、文体用品等主题创作。在创作过程中学习色彩搭配、形状、线条等造型元素知识，并实践。学生学会运用色彩搭配、形状、线条等造型元素知识进行作品自述，和欣赏、评述其他卵石画作品。

三是综合实践。成都东部新区壮溪小学校以年级为单位组织学生开展综合实践活动。此阶段课程内容要求，开展综合实践活动时要让学生感受大自然的魅力、感悟生活的美好，并综合运用所学知识选择材料进行创作，然后进行作品展示和创意解说。

## （二）二阶课程内容

卵石画校本课程二阶课程内容包括三个部分。

一是卵石的产生。这一阶段主要帮助学生了解卵石的产生过程，具体内容要求包括阅读科学、地理相关材料，了解卵石产生过程。同时通过实物和多媒体相结合的方式观赏天地奇石，感知大自然无穷力量，使学生懂得与自然和谐相处。

二是关于动物、植物、食物、传统艺术、节日主题等主题的学习。引导学生根据卵石的形状、纹理充分发挥想象力，围绕指定主题开展创作活动并进行赏析、评述活动。课程内容要求教师引导学生观察卵石本身的形状、纹理在作品中的巧妙运用，领悟到好作品要利用好石材本身形状与纹理的创作思路。此外，教师引导学生观察指定卵石形状纹理并展开想象、设计，鼓励学生尝试根据卵石的形状、纹理，进行动物、植物、食物、传统艺术（脸谱、国画、剪纸）等主题创作，甚至尝试组合卵石并创作。

三是综合实践。课程内容要求以"年味中国"为主题，开展综合实践活动，让学生在活动中加深对我国传统节日了解，以及在创作过程中加深对优秀传统文化的认识。同时，进行"年味中国"主题展演，引导学生在展演中充分利用信息化手段，包括布景、音乐、创意解说等。

## （三）三阶课程内容

卵石画校本课程三阶课程内容包括三个部分。

一是了解卵石画历史。课程内容主要在于了解我国卵石画历史以及其他国家运用石材进行艺术创作方面的知识。

二是进行梅兰竹菊、山水奇石等的主题学习创作。这一阶段课程在于引导学生根据一定的主题情境,发挥想象力和创造力,选择卵石并创作出符合主题要求、意蕴健康的作品。了解"梅兰竹菊"等在我国文化艺术中的相关知识,以及在传统文化艺术中的含义与应用,并合理想象创作。

  三是综合实践。以"我和卵石有个约定"为主题,开展综合实践活动,让学生综合运用所学知识为学校设计创作一幅卵石画作品作为毕业礼,以点亮学生艺术创造的火种,激发学生不断进行艺术创作的热情。同时,鼓励学生利用信息化手段将卵石画毕业礼的创作过程,包括设计、选材、绘画、设计灵感、意蕴表达等制作成微视频,以提高知识应用和迁移能力。

# 第三章

# 流程化实施——卵石画教学

卵石画作为一种艺术形式，以其独特的原材料和特殊的创作技巧，在美学表达与创造性思维的培养上展现出极大的潜力。如何让学生逐步深入理解并掌握这种独特的艺术形式，关键在于将流程化理念巧妙地融入卵石画的教学过程。因此，卵石画校本课程教学过程的核心是结合校内外多样化的场景，丰富学生的学习体验，同时也培养其创新思维以及跨学科学习和团队合作能力。实施主体包括教师、学生和卵石画从业者，他们的多元参与可促进卵石画教育教学的综合发展，有利于贯彻教育共同体的理念、激发创意，提高教学品质，并拓宽学科视野。实施环节侧重于知识学习、创意设计、创意实践及成果展示的系统化，推动教学体系的完善，促进学生的全面发展。这几个方面相互依托、相互影响，共同构建了一个包容和立体的流程化教学模式，为教育教学提供了一个更加完整的框架，赋予卵石画教学在教育领域的活力。此外，流程化卵石画教学的有效实施依赖于相适宜的卵石画教学空间。卵石画教学空间分为校内外教学空间两种。本章将结合以上内容详述卵石画教学实施过程。

# 第一节　卵石画教学实施主体

在卵石画教学过程中，教师、学生和卵石画从业者之间的互动与合作显得尤为关键，它们共同打造了一个充满活力的卵石画教学环境，并推动了卵石画的发展。在这个体系中，教师不仅是知识的传授者和引导者，而且也是卵石画的学习者。学生作为教学过程的核心参与者，他们的积极参与和创造性思维是教学成功的关键。同时，卵石画从业者的加入带来了实际工作经验和一线实践知识，这对于教学内容的深化和实践指导至关重要。这三个主体共同构建了一个多元化的学习体系，不仅保障了卵石画教学的成功，也为所有参与者提供了丰富的创作体验。这样的教学模式不仅为卵石画教学注入了新的活力，也为学生提供了全面发展的机会，从而进一步促进了卵石画艺术的发展。

## 一、教师在卵石画教学中的多重角色与教学任务

学校教师需储备深厚的卵石画历史、技法、艺术理论等方面的知识，以便能够向学生讲授卵石画知识。同时，教师还需具备创新能力，引导他们在卵石画的创作中发挥个性与想象力。教师不仅是知识的传递者，更是激发和培养学生艺术潜能的关键人物。现代社会对于教师的要求是全方位的综合素养的要求，美术教师为了更好地担任这一角色，需要多种智能的同时参与和协调运作。[①]

首先，教师角色呈现多样化。一是教师作为技能培训者，帮助学生掌握卵石画的各项基础技能。这不仅包括画技，还包括对材料的选择、颜色的搭配、构图的原则等技能，还需要分步骤地指导、示范和定期地练习让学生逐步掌握和提高这些技能。二是作为创意引导者。这一角色要求教师不仅要教授卵石画的基本技巧，还需要引导学生思考如何将技巧与个人创意相结合，创造出独特的艺术作品。如通过开放式问题鼓励学生尝试不同的艺术风格等，以此来激发学生的创意。三是教师还扮演了情感支持者。在学习卵石画的过程中，学生可能会遇到挑战和困难，此时教师的鼓励和支持至关重要。教师不仅要关注学生的技术进步，还要关注他们的情感需求，提供积

---

① 熊瑛.从多元智能角度论美术教师教育中的职业素养形成[J].湖南科技大学学报（社会科学版），2010,13(6):155-158.

极的反馈,鼓励学生勇于挑战,保持学习的热情。

其次,教学是一种特殊的认识和实践过程,即教师教学生认识和实践的过程。[1]在卵石画教学中,为更好地引导学生学习卵石画,教师在教学过程中应做好角色的转变,采用各种教学策略。一是充分利用示范教学,为学生的实践活动奠定基础。通过示范卵石画的制作过程,教师能直观地向学生传授技术要点,如颜色选择、刷法技巧等。此外,示范也为学生提供了一个清晰的视觉参考,帮助他们理解复杂的技术和艺术概念。二是通过互动式教学策略,强调师生与生生之间的互动和交流。鼓励学生分享想法、提出问题。例如,教师可以组织小组讨论,让学生一起探讨不同的设计和创意,或者进行同伴评价,以提高学生的批判性思维和创造力。三是要有效地激发学生的创造力和艺术感,让学生逐步对卵石画艺术进行深入理解并形成个人创作风格。教师利用超越传统的教学方法如项目式学习、主题研究等方法,引入多样的灵感来源,鼓励学生探索并表达自己独特的艺术视角。

最后,教学评价不仅帮助教师了解学生在艺术技能和创造力方面的进度,还提供了反馈。有效的评价能够激励学生,提升其学习积极性,并帮助教师调整教学方法。一是评估学生的创造性。评价标准包括原创性、创意的表达以及作品的独特性。教师可以通过学生的作品集、项目报告或创意展示等形式来评价学生的创造力。二是技能掌握程度的评价。技能一般包含如颜色搭配、形状设计、刷法技巧等技巧。这种评价通常基于学生作品的质量,包括细节的处理、技术的准确性以及整体的完成度。教师可以通过实际操作演示、技能测试或定期作品审查来评估学生的水平。三是参与度的评价。这包括课堂参与、对项目的投入以及与同伴的互动和合作。通过观察学生在课堂讨论、小组作业和课外活动中的表现,教师可以了解学生的参与积极性和协作能力。除此之外,采用多种评价方法是非常重要的。除了传统的作品评价,教师还可以结合自我评价、同伴评价和教师评价,采用形成性评价和总结性评价的混合方法。这种评价不仅能提供全面的反馈,还能促进学生对自己学习过程的深入反思。

## 二、学生在卵石画教学中的参与方式与学习策略

学生是教学活动的重要主体之一,其主动性在卵石画学习中至关重要。这不仅意味着他们积极参与课堂活动和讨论,还包括在学习过程中的自我驱动。学生被鼓励去探索新的技术、尝试不同的艺术风格,并对自己的学习过程负责。这种主动性的

---

[1] 李森.现代教学论[M].人民教育出版社,2011:88.

培养有助于学生养成自我驱动的学习习惯,以促进自身对卵石画艺术的理解和技能的不断提升。

首先,学生是被赋予创造性的角色。这意味着学生不仅学到卵石画的基本技巧和知识,而且被鼓励输出自己的创意和表现个性。一方面,独特的卵石画作品展示了学生的想象力和创造力。学习卵石画不仅是技能的习得,更是一个自我发现和个人成长的过程。学生在学习的过程中有机会了解自己的艺术偏好,这种过程鼓励学生进行自我探索,培养他们对艺术和个人创作的深刻理解。另一方面,学生在学习卵石画的过程中还需要学会与他人互动和合作。通过小组项目和课堂讨论,学生可以学习如何分享想法,接受同伴的反馈,以及如何在团队中合作创作。这些技能也是未来职业生涯和社会生活中不可或缺的能力。

其次,实践学习是卵石画教学的核心。实践本身是创造、获取、转化和重构"实践中的知识"以及维持实践、变革实践的方式。[1]学生通过动手制作卵石画,不仅可以应用在课堂上学到的技巧,还能通过实际操作来加深对卵石画艺术的理解。在这一过程中,学生经历从构思到创作的每一个步骤,这不仅提高了他们的技术能力,也增强了对艺术作品的整体感知力和审美判断力。一方面,探索式学习鼓励学生自主探索卵石画的各种可能性,包括对不同材料的搭配、尝试多样化的画风和技巧,甚至融入个人的独特创意。通过这种探索性的学习方式,学生能在过程中培养独立思考和问题解决的能力。另一方面,为了充分发挥卵石画教学作用,学生的参与方式应该是多元化和综合性的。这些学习方法不仅能够提升学生的技术水平,还能够促进创造力、团队协作能力的提升和个人的成长。

最后,学习评价是学习过程中的一个关键环节。一是自我评价对学生的成长与发展具有重要的作用,对自我评价的含义、作用和途径进行分析是研究自我评价流程的基础。[2]通过自我评价,学生能够反思从而改进自己的学习方式和艺术表达方法。这种评价鼓励学生诚实地审视自己,逐渐发展批判性思维。二是同伴评价提供了一种互动式学习的机会,使学生能够从同伴那里获得反馈和灵感。在同伴评价过程中,学生不仅学习如何客观地评估他人的作品,还学会如何接受和构建性地应用同伴的批评和建议。这种相互评价的过程有助于建立一个相互支持和合作的学习环境,促进学生之间的交流和学习。自我评价和同伴评价的结合为学生提供了一个全面的反

---

[1] 李茂荣,黄健.工作场所学习概念的反思与再构:基于实践的取向[J].开放教育研究,2013,19(02):19-28.

[2] 王文静.学生自我评价流程分析[J].中国教育学刊,2005(3):50-52,56.

馈机制。这种评价方法不仅关注最终的作品质量,还重视学习过程中的个人努力和进步。通过这种方式,学生可以更好地了解自己,更明确自己未来的学习目标和方向。三是除了对学生个人发展的促进作用外,学习评价还为教师提供了反馈信息,帮助他们改进教学方法和补足课程内容。教师可以了解学生的学习需求、兴趣点,从而更有效地调整教学策略,满足学生的个性化学习需求。

## 三、从业者在卵石画教学中的深度融入与经验提供

卵石画从业者能够分享实际创作中的心得和技巧,与教师和学生的互动,使卵石画的教学更具深度和实践性,有助于将卵石画的传统艺术与当代技术相结合,他们的参与不仅丰富了教学内容,还为学生提供了学习先进技术和了解行业趋势的机会。从业者可以以多种形式参与教学,如客座讲师、研讨会和开放工作坊等。

首先,卵石画从业者参与教学的形式丰富多样,可改善学校教学效果。一是邀请卵石画从业者作为客座讲师。从业者可以分享他们的职业经历、创作过程以及在卵石画领域的个人见解。通过这些讲座,学生不仅能够了解到卵石画的实际应用,还从行业内视角进行职业规划。二是开展卵石画研讨会。研讨会中展示专业人士的作品是另一种有效的教学参与方式。通过展示的作品,学生可以直接观察和学习先进的技术和独特的艺术风格。这些展示不仅能激发学生的创作灵感,还提供了学习高质量作品的机会。三是从业者向学校开放工作坊。学生们通过参与工作坊的创作活动,可以直接得到从业者的指导。这种实践指导有助于学生更好地理解卵石画的制作过程,并提高自己的技艺。从业者的参与还建立了教学与行业之间的桥梁,与这些专业人士的互动,学生可以获得关于卵石画行业信息,包括职业机会、行业趋势和必要的职业技能。这对学生未来的职业规划至关重要。

其次,将卵石画从业者的实战经验融入教学对学生理解卵石画的实际应用非常重要。这种经验的分享不仅使学习更贴近实际,还能增强学习的趣味性和吸引力。一是邀请卵石画从业者进行专题讲座。这是分享实战经验的一种有效方式,这些讲座可以围绕特定的项目或作品展开。例如,从业者可以分享他们在特定项目中的设计思路、创作过程、所遇到的问题以及解决的方法。这种案例研究方法有助于学生理解理论知识与实际应用之间的联系。二是开放工作坊进行现场演示。这也是将实战经验融入教学的有效方法,在这些活动中,从业者可以直接向学生展示卵石画的制作过程,包括材料选择、技巧运用等。鼓励学生积极参与讨论和提问是很重要的,讲座

或工坊中的互动不仅增加了课堂的活跃氛围,还给学生提供了即时反馈和深入理解的机会。学生可以就从业者分享的经验提出问题,甚至可以就自己的项目和想法寻求指导和建议。三是学生将从业者的实战经验融入实际项目和作业。这也是一种有效的学习方法。教师可以设计的课程作业,要求学生学习从业者的经验并应用在自己的卵石画项目中。这种作业不仅使学生能够应用所学知识,还能够深化他们对从业者经验的理解和吸收。

最后,卵石画从业者能够给学生提供行业当前的第一手信息。这包括行业的市场需求、客户偏好、主流风格和技术发展等。一是从业者可以通过讲座、研讨会或者互动式问答环节,分享他们对行业动态的见解,帮助学生获得实时实用的行业知识。除了解行业现状外,从业者还能帮助学生探索卵石画行业可能的未来发展趋势。这可能包括新兴的技术、创新的艺术风格以及行业可能面临的挑战和机遇。从业者可以通过自己的洞察力和预测,引导学生思考如何适应这些未来的趋势。二是从业者在帮助学生理解行业的同时,也能为他们的职业规划提供信息。这包括讨论职业规划方向以及进入该行业的途径和策略。从业者的经验对于学生来说是宝贵的资源,尤其是对于那些希望未来从事卵石画或相关艺术行业的学生。通过分析具体的案例和项目,学生更深入地理解卵石画行业运作。如项目管理、客户沟通、材料采购等方面的实际经验。三是从业者还可以帮助学生建立与卵石画行业的联系。这可能包括组织参观工作室或展览,甚至提供实习和就业机会。

## 四、多元主体在卵石画教学中的协同互动模式

在流程化实施卵石画教学的过程中,协同互动起着至关重要的作用。这种互动不仅涉及教师、学生和卵石画从业者之间的有效沟通,还包括他们共同协作以完成教学目标。协同互动有助于创建一个动态的学习环境,让每个参与者都能够发挥其独特的作用,共同推动教学和学习过程有效进行。这种互动可以提高教学内容的相关性和实践性,同时激发学生的积极参与性和创新思维。探究在卵石画教学中如何构建一个有效的协同互动模式,以优化卵石画教学中的协同互动过程,确保教学活动的高效性和学生学习的有效性。

在卵石画教学中构建一个涵盖教师、学生和从业者的有效互动模式是至关重要的。这种模式不仅能够促进知识和技能的传递,还能激发学生的创造力和兴趣。一是设计有效的互动模式。确保所有参与者都清楚自己的角色和责任。建立开放和持

续的沟通渠道,确保信息的自由流通。构建时可以通过定期组织联合会议、开放工作坊和开展研讨会来促进各方的互动和合作。二是这种互动模式对提升教学质量具有关键作用。学生通过与卵石画从业者的接触,不仅可以获得实际工作经验,还能更好地理解课堂学习与实际工作之间的联系。此外,卵石画从业者的参与也可以为教学提供新的视角和深度,从而增强课程的实用性和吸引力。

最后,社区艺术中心在卵石画教学中展现出独特的魅力,不仅可作为展示校本课程创新成果的新平台,还可以作为学生提升艺术批评和欣赏技能的重要实践场所。一是构建卵石画作品展示平台。社区艺术中心通过特设"流域石语"展区,完整地呈现卵石画校本课程的教学成果。这些由师生共创的作品既保留传统工艺,又融合了数字绘画、生态装置等现代艺术语言,如通过3D打印技术复刻卵石纹理、运用AR增强现实呈现动态叙事。社区艺术中心还可定期策划"卵石创变季"主题展,设置"乡土记忆""未来猜想"等单元,使卵石画创作突破材料局限,成为连接地域文化与当代审美的媒介。二是创设社会化艺术对话场景。在"卵石会客厅"互动区,学生以策展人身份解说创作理念,与社区参展人现场对话;学生通过"盲评墙"匿名互评,提高从形式分析(如肌理运用)到文化阐释(如纹样符号解码)的多维评价能力。社区艺术中心也联合本地手工艺合作社举办"卵石×蜀绣"跨界展览,引导学生在比较中理解传统工艺的现代转化逻辑。

# 第二节 卵石画教学实施环节

卵石画教学致力于提升学生在艺术创作方面的综合技能,因卵石画技术课程把知识学习、创意设计、创意实践以及成果展示等环节有机融合,构建一个深入探索卵石画艺术的平台,逐步形成流程化的卵石画教学模式。该模式有利于教学实施,而卵石画教学实施环节包含四个部分,分别为学习卵石画的基础知识和入门技术、创意设计的启发与构思、创意实践的操作与技巧、作品评价与反思。

## 一、基础知识与入门技术

卵石画教学中的"知识学习"环节既注重对整体思路的把握,又强调实施方法的巧妙。当代知识观由现代向后现代的转型为我国新课程的教学改革提供了启示,教学过程由"生活的预备"的知识传递过程转向意义建构、生命体验的视界融合过程;教学内容由单一性、确定性转向多元性、非确定性。[1]通过深入学习卵石画及艺术的相关知识,学生不仅能够在创作时有源远流长的文化养分,更能够在实践中不断拓展自己的艺术边界。这一学习的过程不仅为卵石画学习者提供了坚实的理论基础,更为他们在创意表达方式方面打开崭新的篇章。

首先,卵石画作为一种艺术表达形式,其起源可以追溯到古代文明。起初,卵石上的绘画可能仅仅是简单的图案或符号,用于标记领土、纪念重要事件或用于宗教和仪式。这些最初的卵石画反映了早期人类对于自然界的观察和内心世界的表达,随着时间的推移,卵石画逐渐演变成一种更为复杂和精致的艺术形式。在不同的地理位置和文化中,人们开始使用更多样化的颜色和细致的技巧来修饰卵石。卵石画不仅承载了特定文化和社会的故事、信仰和传统,还成为一种美学的表现。例如,在一些文化中,卵石画被用作交流媒介讲述历史故事或神话,或是作为宗教和精神实践的一部分。其他文化对它的解读各有不同。例如,在东亚文化中,卵石画常常与自然景观和宗教符号相关联,反映了对和谐与平衡的追求。而在西方文化中,卵石画则可能更多地作为个人表达和艺术创新的形式。通过跨文化的比较,我们可以看到卵石画在不同文化背景下有多样化的意义和表现方式,这不仅体现了艺术的普遍性,也反映

---

[1] 金玉梅,靳玉乐.论教学观的后现代转换[J].课程·教材·教法,2006,26(3):23-26.

了文化多样性对艺术创作的影响。在现代社会中,卵石画不仅保留了其传统的艺术价值,还在新的领域中发挥着作用。随着人们对于环保和自然美重视的增加,卵石画作为一种利用自然材料的艺术形式,其环保和亲近自然的特性被广泛认可。此外,卵石画在儿童教育中,用来培养孩子们的观察力、创造力和手工技能。卵石画的简单性和可接近性使它成为激发艺术兴趣和创意思维的有效工具。

其次,卵石画的基本技巧涵盖了线条、形状和色彩的运用,这些都是构成优秀卵石画作品的关键要素。一方面,线条运用的技巧包括如何利用粗细不同的画笔来描绘轮廓和细节,线条的流畅度直接影响作品的整体感觉。线条的形状直接影响卵石有限空间内的布局,因此如何组合简单的线条来表达复杂的意象也需要技巧。色彩运用包括如何选择和搭配颜色来表达情感和氛围,以及如何运用渐变和对比来增强视觉效果。学生通过展示的实例理解这些技巧的实际应用是学习卵石画基本技巧的关键。例如,教师可以展示一个以自然风景为主题的卵石画作品,向学生解析如何运用细致的线条来勾勒树木和山脉的轮廓,以及如何通过色彩的渐变来表现日落的光影效果。此外,还可以展示一个以动物为主题的卵石画作品,讲解如何通过简单的形状来体现动物的特征,以及如何通过鲜明的色彩对比来突出主题。另一方面,在卵石画创作时选择合适的卵石是基础且关键的步骤,卵石的大小、形状、质地和颜色等因素都会影响作品最终的艺术效果。如有特殊纹理或形状的卵石可以用来创作更具有立体感或抽象感的作品。卵石的选择不仅包括如何根据作品主题和风格选择卵石,还包括如何对卵石进行基本的清洁等准备工作。除了卵石本身,卵石画的创作还需要其他辅助材料,如颜料、画笔、封蜡等。教师介绍这些材料时,应着重于讲解它们的特点和使用场景。例如,水性颜料适用于渐变和透明效果的作品,而丙烯颜料则更具有鲜明的色彩和遮盖力。此外,还应介绍正确使用这些材料的技巧,例如颜料的稀释、画笔的保养以及作品的最后定型和保护。

最后,有研究表明灵活、舒适、感官刺激、新技术支持以及去中心化是构建好的学习空间的关键。[1]一方面,为了有效地进行卵石画创作,一个合适的工作空间是至关重要的。这个空间应该有充足的自然光照,以便艺术家或学生能清楚地看到他们的作品。工作台面应平整、宽敞,足够容纳卵石、颜料和其他绘画工具。为了保持创作环境的整洁,应配备适当的防污物品,如桌面覆盖布和围裙。对于小学生来说,工作台和椅子的高度应该适合他们的身高,确保他们在创作时舒适且方便操作。另一方

---

[1] 陈向东,许山杉,王青,等.从课堂到草坪——校园学习空间连续体的建构[J].中国电化教育,2010(11):1-6.

面,在使用卵石画工具和材料时,安全性是一个重要的考虑因素,尤其是在小学生使用时,教师需要确保所有的材料,如颜料和封蜡都是非毒性的。在使用画笔、调色板等工具时,教师应告诉学生正确的握笔方法和维护技巧,以防工具损坏或意外伤害。

## 二、创意设计的启发与构思

卵石画的教学实施环节深入挖掘创意设计的潜力与灵感的源泉,探讨如何将文学历史和神话等文学元素转化为视觉艺术。分析诗词、历史典故、传说故事的深层含义,揭示如何将这些丰富多元的文化元素融入卵石画创作中,使其成为更具有表现力的艺术作品。

首先,诗词作为一种文学形式,充满了丰富的意象和深刻的情感,因此,诗词可作为卵石画创作中的灵感来源。一是在诗词中,自然景观、情感表达和哲学思考经常被作者用有象征的手法描述,这为卵石画提供了无限的创意空间。例如,在一首描写春天的诗中作者可能通过细腻的语言描绘花朵和绿叶等春天的元素,艺术家捕捉这些元素的美并创作卵石画。通过探讨诗词与艺术之间的关系,我们可以引导学生学习如何将语言文字转换为视觉艺术。视觉艺术风格的形成和转换主要具有两方面的因素:其一为社会因素,即艺术品所处的时代、环境及其所属的种族等因素;其二为心理因素,即人的心理形式和心理结构的发生和转变是视觉艺术风格的形成和转换的制约性因素。[①]二是为了更好地学习如何从诗词中捕捉卵石画的灵感,我们可在卵石画教学课堂展示这一过程。例如,选取一首有关大海的诗,先分析诗中如何描述海的色彩、波浪的形态和海边的气氛。然后,展示一个由此诗启发而创作的卵石画作品,解释如何将诗中的海洋意象转化为具体的画面,包括颜色的选择、波浪的形状表现以及整体氛围的营造。这种教学展示不仅示范了从文学到视觉艺术的转换过程,还能激发学生在卵石画创作中的灵感。

其次,历史典故可作为卵石画的主题库。历史上的重要事件、著名人物都蕴含着深刻的情感。这些故事和人物不仅是文化传承的重要部分,也是艺术创作的灵感来源。将历史典故融入卵石画,过去的故事和人物重新呈现,使观众重回过去。这样的艺术创作既是对历史的一种致敬,也是对其的传承。

再次,传说故事具有奇幻色彩和深厚的文化内涵,是激发创造力的丰富源泉。这些故事通常包含了神话般的人物、异想天开的情节和富有象征意义的元素,为卵石画

---

① 曹晖,谷鹏飞.视觉艺术美学风格的形成及其范式转换探因[J].学习与探索,2006(4):78-81.

创作提供了广阔的想象空间。一是对学生而言,这些传说故事不仅能够激发他们的好奇心,还能鼓励他们在创作中运用自己的想象力。教师讲述不同文化中的传说故事,可以帮助学生理解多元文化背景下的艺术表现形式,并激发他们创作独特而具有创新性的作品。把传说中的场景和角色转化为卵石画时,学生需要将抽象的故事元素具体化为视觉图像。二是学生可挑选他们感兴趣的传说,然后提取核心元素,如关键人物、标志性场景或重要物品。如描绘一个海上冒险的传说,学生可以绘制海浪、大船、海怪等元素,同时考虑如何在有限空间内合理地布局。在实际绘制过程中,教师应鼓励学生尝试不同的颜色和绘画技巧,以最佳方式呈现传说的魅力和氛围。

最后,在卵石画创作中,如何将灵感转化为具体的设计方案是卵石画创作中的关键步骤。灵感思维是人类用于获得创新性认识的一种思维形式,兼具形象思维与抽象思维的特征,而又高于二者,是理性直观或者是柏格森所说的"创造性直觉"。[1]灵感转换不仅要求学生及时捕捉他们自己的灵感,而且他们需要学会如何将这些抽象的概念巧妙地表达。灵感转化为作品包括多个阶段。初始阶段是构思,学生需要将他们的灵感和想法通过草图或概念图来进行可视化。这一阶段强调自由想象和创意探索,无须拘泥于细节。中间阶段是进一步精炼草图,考虑如何在卵石画中更好地展现这些概念。这可能涉及对色彩方案的调整、构图的优化和符号的重新设计。最后阶段是设计的完善和修改,这时需要考虑作品的整体效果,确保设计既忠实于原始灵感,又具有艺术表现力。

## 三、创意实践的操作与技巧

在卵石画教学的实践环节中,教师常探讨如何引导学生将创意灵感转化为艺术作品,这表明技术操作与表达方式非常重要。卵石画创作的技巧,贯穿于从学习基本的绘画技巧到个人风格的形成,再到作品修正的过程。学生获得一个全面的学习路径,那么他们能够在实践中不断提升技巧,同时保持和发展自己独特的艺术视角。

首先,将卵石画的创意灵感转化为作品的过程需要细致地规划和严格地执行。一是创意灵感应有一个设计方案,且该方案可被拆解为一系列可操作的步骤,每一步都清晰地定义所需的材料、技术和预期结果。如果设计方案包含特定的主题或图案,首先应确定实现这些图案所需的基本色彩和形状。二是每个步骤都应当有明确的指导,确保学生能够顺利地按照设计方案进行创作。有效的过程管理是成功实现设计

---

[1] 张海防.研究生灵感思维的培养[J].学海,2016(6):212-216.

方案的关键。这包括时间规划、材料准备和作品的逐步构建。以时间规划为例,教师应指导学生估算每个步骤所需的时间,并制定一个合理的时间表,确保有足够的时间来完成每个阶段的工作。创作的草图应有清晰的线条和轮廓,在材料准备方面,学生需要提前选择合适的卵石、颜料和其他工具,并确保所有材料在开始创作前都已准备就绪。

其次,在设计方案的执行中,学生的绘画技巧至关重要。一是色彩混合技巧。不同的技巧可以帮助学生理解如何通过不同颜色的组合来创造出所需的色调和效果。这包括如何使用基本的颜色理论来制作丰富多彩的调色板,以及如何应用这些色彩来增强作品的视觉吸引力。二是细节描绘的技巧。这种技巧着重于如何使用细笔和笔触来描绘作品中的精细部分,比如纹理、阴影和光线。这些技巧的运用对于作品的整体质感和深度感至关重要。为了提高学生在卵石画创作中的技术熟练度,教师可以采取一系列练习和教学方法。一方面是定期的练习活动,如模仿经典作品或探索不同的艺术风格,学生可以巩固和扩展技能。"模仿美的艺术"是现代"美的艺术"体系及概念的核心原则。[1]另一方面是通过得到反馈和建议改进技术。学生学会识别常见的错误,并自行改进。三是鼓励学生进行自我探索和实验。学生经常尝试不同的绘画材料或创新的技术方法,这也是提高技术熟练度的重要途径。

再次,在卵石画创作中,鼓励学生表达个人风格和创意是体现作品创意的关键。每个学生都有独特的视角和表达方式,这些个性化的因素可以使他们的作品更具特色和吸引力。一是教师可以和分析学生的兴趣点、情感体验以及个人故事,帮助他们识别和发展自己的艺术风格。二是鼓励学生在实践中尝试不同的绘画方法和技术,以找到最能表达他们个人创意的方式。这种个性化的探索不仅能提高学生的艺术创作能力,还能增强他们的自信心和满足感。不同的艺术风格对卵石画创作有着显著的影响。通过分析和探索各种艺术风格,学生可以了解不同风格的特点及其在卵石画中的应用方式。例如,现实主义风格强调细致的绘画技巧和对现实世界的精确描绘,而抽象派则侧重于色彩、形状和纹理的创新组合。通过对这些风格的学习和实践,学生不仅可以拓宽自己的艺术视野,还能更好地理解和选择适合自己作品的风格。

最后,完成卵石画作品不仅涉及绘画技巧的运用,还包括对作品的整体评估和细节调整。一是教师指导学生从整体角度审视作品,包括构图的平衡性、色彩的协调性

---

[1] 邢莉,常宁生.美术概念的形成——论西方"艺术"概念的发展和演变[J].文艺研究,2006(4):105-115.

以及主题表达是否清晰。学生应学会客观评价自己的作品,并识别需要改进的部分。如调整颜色以更好地突出主题,或修改构图以增强视觉效果。二是教师鼓励学生关注作品的细节,如线条的清晰度和细节的完整性,确保作品的整体品质。在创作过程中,学生可能会遇到各种问题,如颜色的不匹配、细节的模糊或主题的表达不清晰。讨论这些常见问题的解决方案是完善作品必不可少的环节。如颜色不协调可以调整色彩比例或添加过渡色以平衡,如果细节部分不够精细可以用细笔或调整手法来提高精确度。通过这些实际的指导和建议,学生可以学会如何在遇到问题时灵活调整,从而提高他们的创作解决问题的能力。

## 四、作品评价与反思

多维度的评价和反思可提升学生在艺术创作中的理解能力,培养他们的批判性思维和提升自我评估技巧。学生不仅能够展示他们的艺术作品,还能学会如何从多个角度分析和理解艺术作品。此外,个人反思的环节让学生对自己的创作过程进行深入思考,有利于他们识别自己的成长点和找到未来发展的方向。作品评价与反思旨在引导学生实现艺术表达与个人发展的和谐统一。

首先,组织卵石画作品的展示时我们要仔细考虑展示空间的布局。这包括选择合适的地点、安排作品的摆放位置,以及确保作品的可访问性。以法国卢浮宫为例,艺术博物馆通常以地域、时代、流派、风格等为主题进行陈列,呈现艺术史的全景视野。[1]展示空间应该充分考虑光照,确保观众能够清楚地看到每一幅作品。校内常在图书馆、教室或走廊等区域设置临时展览区,在展示中,学生应该能介绍自己的作品。介绍内容包括作品主题和创作过程,还可以分享个人的灵感来源和所遇到的问题。为此,教师可以指导学生如何准备简短而有趣的口头介绍,让参观者能够更好地理解作品背后的故事。

其次,在卵石画的学习过程中,同伴评价是一种重要的反馈方式。它不仅可以帮助学生从不同视角看待自己的作品,还可以让学生学习如何给出建议。一是教师应指导学生如何开展客观的评价。同伴评价应集中在作品的技术执行、创意表达和主题呈现等方面。二是指导学生如何给出建设性的反馈。反馈应是提供具体的改进建议而不是概括性的评论。同时,提醒学生以积极和鼓励的方式提出意见,以促进同伴的艺术成长改进,鼓励学生在展示过程中积极与他们交流、互动。这种互动可以采取

---

[1] 张乔.法国克吕尼博物馆早期的陈列观念[J].新美术,2019(7):66-73.

小组讨论、作品交流会或问答环节的形式,通过这些交流、互动学生不仅可以从同伴的作品中获得新的灵感,还能获得沟通和表达方面的宝贵经验。教师的专业反馈对学生的提高至关重要。教师可以根据每位学生的独特需求和兴趣,提供个性化的指导和发展建议。如对于表现出特别兴趣或才能的学生,教师可以推荐他们尝试更复杂的项目或探索新的艺术风格。对于需要额外帮助的学生,可以提出练习的建议或一对一辅导。

最后,个人反思是学习过程中的一个重要环节,它帮助学生深入理解自己在创作过程中的经历和成长。反思性学习能促进个人深度学习的实现,其实质上是深度学习的一部分,而深度学习能促进元认知能力的发展,这也是其要达成的目标之一。[①]一方面,个人反思指导学生回顾整个卵石画创作过程,包括从最初的设计想法到最终作品的完成。另一方面,让学生知道在创作过程中遇到的问题和困难,并思考如何解决。同时,还能引导学生设定未来的学习和创作目标。如探索新的绘画风格、尝试不同的艺术材料或参与更复杂的项目。鼓励学生制定具体、可实现的目标,并思考实现这些目标所需的步骤和资源。

---

① 吴秀娟,张浩,倪厂清.基于反思的深度学习:内涵与过程[J].电化教育研究,2014,35(12):23-28,33.

# 第三节　卵石画教学空间

教育领域的现代化发展打破了传统课堂的界限,让课堂转向更为广阔和多元化的教学空间,这一变化涵盖了校内外两个关键维度。这种变化反映了教育对学习环境的新理解以及对学生全面发展的期待。学习环境是学习者利用多样工具和信息资源,追求目标和解决问题的活动场所。[1]校内教学空间作为学生掌握基础知识和深入学习专业知识的核心场所,承担着传授理论知识和培养实践技能的重要使命。而校外教学空间则为学生提供了探索学术和与现实联动的机会,帮助他们深入理解知识在实际中的应用。这两个教学空间的结合形成了一个综合性的教学空间,为学生提供了丰富、多元的学习机会。就卵石画教学而言,其独特性要求不同教学主体创造性地配置和使用教学空间,重点在于有效利用资源优势,培养全面发展的人才。

## 一、卵石画教学空间概述

在卵石画教学过程中,教学空间的设计和布置发挥着重要的作用。一个合适的教学空间应该能够激发学生的创作灵感,保证有充足的自然光照和足够的置物空间,使学生能够自由地创作。同时,教学空间还应该展示各种卵石画作品,以激发学生的学习兴趣和创作热情。良好的教学空间不仅能够提高学生的体验感,还能促进他们发展艺术技能和养成创新思维。艺术教育作为一种"前教育"使得"第三空间"成为可能,为弥合教育二元分裂提供了契机。因此,在后现代社会中艺术教育具有非常重要的意义。[2]

首先,卵石画教学空间,作为一种特殊的艺术教育环境,是指专门用于卵石画教学和创作的物理空间。这种空间的设计和布置直接影响教学效果和学生的学习体验。卵石画教学空间的基本特征包括充足的自然光照、宽敞的工作台面以及便于展示和存放艺术作品的设施。此外,这些空间通常会布置有大小和颜色各异的卵石、绘画工具和其他艺术材料,以激发学生的创造力和艺术灵感。教学空间还可以根据不

---

[1] 杨开城.建构主义学习环境的设计原则[J].中国电化教育,2000(4):14-18.
[2] 习丽,傅立宪.多尔的"第三空间"及其缺陷——以艺术教育为视角[J].江西社会科学,2017,37(12):39-44.

同的教学需求和目标来设计。例如,面向初学者的卵石画教学空间可能需要放置更多指导性的作品,而一个面向进阶学习者的教学空间则可能更需要各种高级材料。传统的教学空间除了教室和工作室,还可以是户外场所如公园或花园,这些地方的自然元素能提供更多的灵感。合适的教学空间对于创造性教学至关重要。一个良好的卵石画教学空间不仅提供了必要的物理条件,还创造了一个有利于艺术创作和思维启发的环境。在这样的空间中,学生可以更自由地探索和表达,充分发挥他们的创造力和艺术潜力。

其次,该空间与学习之间的关系是教育研究中的一个重要议题。教学空间的实质在于让空间成为观察、理解和研究教学的向度,深化教师对教学的认识,并更好地理解教学方式的变革与教学空间的变革具有内在的一致性。[1]教学空间的设计、布局和环境都直接影响学生的学习体验和创作动力。一个好的教学空间不仅提供了必要的物理条件,还能创造出有利于学习和创作的氛围。卵石画教学中,教学空间的重要性尤为显著,一个鼓励探索和创造的教学环境能够激发学生的创作灵感。例如,一个布置有各种艺术作品和丰富材料的空间,不仅能够刺激学生的视觉感官,还能促进他们活跃思维,进行创意性的表达。此外,教学空间的布局也应有利于学生之间的交流与合作,培养他们的团队协作能力和社交技能。

再次,卵石画教学空间的设计原则是确保一个能激发灵感的创作环境,这对于艺术教育尤为重要。设计空间需要考虑以下几个关键因素。一是光照。充足的自然光照是艺术创作的重要条件,特别是对于卵石画这种细致的艺术形式。良好的光照不仅有助于艺术家准确地观察颜色和细节,还能创造一个温馨舒适的学习环境。二是空间布局。空间应该足够宽敞,方便学生和教师自由移动。合理的布局还包括合理设置学生工作区和展示区,这些区域应有利于创作和交流。三是材料存储。由于卵石画需要多种不同大小、形状和颜色的卵石,以及各种绘画工具和辅助材料,因此有效的存储对于保持工作空间的整洁和有序至关重要。四是空间的灵活性与适应性。教学空间的设计应具有一定的灵活性,能够根据教学需求和学生创作过程的不同进行调整。

最后,卵石画教学实施空间的设计和管理对于提升教学质量和学生学习体验具有至关重要的作用。一个设计合理的教学空间不仅能够提供必要的物理条件和舒适的创作环境,还能激发学生的创造力和艺术灵感,从而促进他们在卵石画艺术上的技

---

[1] 杨晓.理解教学空间[J].课程·教材·教法,2020,40(7):38-44.

能和审美能力的发展。总结来说,教学空间内充足的光照、合理的布局、有效的材料存储和灵活安排的空间,都是卵石画教学的关键因素。这些因素共同作用,不仅提高了学生的学习效率,也提升了教学过程的艺术性。在未来的研究和实践中,在如何进一步优化教学空间的设计,以及如何将最新的教育理念和技术应用于卵石画教育中也非常重要,例如,利用数字技术和虚拟现实工具来创造一个更具互动性和沉浸式的学习环境。

## 二、校内实施空间的设计与功能

卵石画作为一种独特的艺术教育形式,对教学空间有特定的需求。校内的教学空间,主要为教室、工作室和美术馆等关键场所,传统教学方式不仅需要这种空间来容纳传统的讲解和示范等教学活动,还需要适应卵石画创作的特殊需求,包括为学生提供实验和探索的机会。流程化教学方法在卵石画教育中的应用,突出了教学空间设计的重要性。这种教学方法通过分阶段的教学活动,引导学生从基础技能学习到创作实践最终到作品展示,而校内教学空间能满足这一连贯的教学流程,例如通过灵活使用教室空间来适应不同阶段的教学需求,或者在工作室中创造适合学生个人或小组工作的环境。

首先,在卵石画教学中,教室作为校内教学实施的第一空间,其设计时涉及的关键要素对于有效学习和教学交流有作用。教室教学环境是一个由多种要素构成的复杂系统,不同要素相互联系、相互作用,共同构成了教室这种特有的、系统结构的教学环境。[1]一是卵石画教室有适当的光照与足够的工作空间。教室具备充足的自然光照和适宜的人工照明,以保证学生能够在良好的视觉条件下学习和创作。教室内有足够的工作空间,确保每个学生都有充足的空间进行学习和创作活动。二是合理的空间布局和家具选择。教室的布局支持多样化的教学模式,包括个人学习、小组讨论和互动演示。家具选择灵活,以便快速适应不同的卵石画教学活动。三是空间具有一定的灵活性。可移动的桌椅和折叠式展板,能够根据教学需求轻松重组教室布局。四是支持流程化教学法的空间需求。教室空间的设计支持流程化的分步骤教学,如设置专门的演示区和实验区,让学生按步骤学习。教室有足够空间支持学生小组活动,方便学生交流创意。

其次,工作室作为校内教学实施的第二空间,其功能性与灵活性对于培养学生的

---

[1] 刘强,王连龙,杨杰.教室教学环境的构成要素研究[J].现代教育技术,2016,26(8):55-61.

实践能力和创造性思维至关重要。一是工作室空间具备充足自然光照与灵活布局的条件。自然光照是艺术工作室不可或缺的要素,不仅可以正确体现材料的颜色和质感,还能提供一个愉悦的创作环境,增强学生的创作动力。灵活的工作室布局可以适应各种教学和创作活动,可移动的家具和可调整的存储空间允许工作室根据项目需求和学生数量灵活调整布局。二是易于使用的材料和工具,以及多功能的创作空间。工作室中的材料和工具应该易于学生使用,鼓励他们自主探索和尝试不同的艺术技巧,能激发学生的创意。工作室展示学生和艺术家的作品,设置灵感板,以及提供多功能的创作区域来激发学生。三是设计流程化教学中的工作室空间并展示项目进度。工作室应提供用于展示学生项目进度的空间,支持不同阶段的流程化教学,如构思、制作和完成。工作室为学生提供所需的资源和设施,以支持从概念到成品的整个创作过程。

最后,美术馆作为校内教学实施的第三空间,在艺术教育特别是卵石画教学中,具有重要的作用。美术馆的公益性有利于开辟卵石画教学的新空间,美术馆的学习通常被认为是课余的、非正式的、个人化的。但是从20世纪80年代开始,在英美等西方国家政府政策和法案的推动、美术馆教育愿景的激发、学校对美术馆的期待等合力作用下,美术馆教育致力于探索艺术介入中小学核心课程教学的途径和策略,努力提供符合各年级国家课程标准的跨学科艺术教育资源。[1]它不仅是展示和欣赏艺术作品的场所,而且是艺术教育流程中不可或缺的一部分。美术馆空间的教育价值体现在以下方面。一是展示卵石画作品。美术馆提供了一个专业的环境,用于展示艺术家的卵石画作品。这不仅增加了作品的可见性,也为公众提供了欣赏这些作品的机会。在美术馆中展示的卵石画作品可以激发观众的想象力和创造力。二是为学生提供了学习和受到启发的机会。美术馆空间还可以展示学生课程结束时的作品,这不仅是学习过程的一个重要里程碑,也是学生展示其技能和创造力的舞台。通过在美术馆举办展览,学生可以学习如何策划和组织艺术展览,这是艺术教育中的一个重要环节。三是美术馆的空间设计鼓励学生进行艺术批评和欣赏。通过参与讨论和批评,学生可以提高他们的审美观和艺术评价能力。美术馆的互动元素,如信息板和数字展示,可以增加学生的学习体验。

在卵石画教学中,教学空间起着至关重要的作用。合适的教室、工作室和美术馆空间不仅对学生的学习体验产生直接影响,而且在培养学生的艺术技能和创造性思维方面发挥着关键作用。总之,教学空间的设计是卵石画教育中不可缺少的一环,设

---

[1] 岳晓英.英美博物馆/美术馆的跨学科艺术教育实践研究[J].艺术设计研究,2020(4):121-126.

计优异的教学空间不仅能满足当前的教学需求,还要适应未来教学发展的趋势。通过创新和深思熟虑的设计,教学空间可以成为支持学生学习和发展的强大工具。

## 三、校外教学空间的选择与利用

在卵石画教学中,校外教学空间为学生的学习提供了非正式的学习环境,非正式学习环境以其独特的优势、丰富的学习资源、灵活的学习方式,受到教育领域、学习科学等领域的关注。[1]校外空间不仅为学生提供了从教室环境之外获取灵感和经验的机会,而且这些空间在流程化教学方法中有关键作用。校外空间,如公园、博物馆和画廊,为学生提供了互动的学习环境,这些环境能够让学生直接接触到艺术和自然的原始素材。公园不仅为学生提供一个观察和采集自然材料的理想环境,还能激发他们的创造性思维。博物馆和画廊则为学生提供了深入了解艺术历史和当代艺术趋势的机会,这对于培养学生的艺术欣赏和批评能力非常重要。流程化教学方法强调按步骤进行系统性的教学,而校外空间的利用正好完善这一教学模式。将课堂延伸到校外,学生能够在更多变的环境中应用在教室里学到的理论知识,这样的实践机会是教室里的学习无法提供的。

首先,公园作为校外教学空间,为卵石画教学提供了独特的资源。在自然环境中,学生不仅能直接接触到卵石画的原材料,还能从自然中获得创作灵感。公园为卵石画教学带来了新的维度,增加了学习的互动性和趣味性。一是公园空间具有独特的教学资源。公园提供了一个丰富的自然环境,学生可以在此观察自然界的色彩、纹理和形态,这些都是创作灵感的重要来源。在公园中,学生能够直接与自然互动,增强他们对自然美的感知和理解。二是公园是寻找卵石画材料的理想场所。学生可以学习如何选择合适的石头和其他自然材料。公园作为一个户外工作室,学生可以在自然光照下进行卵石画创作,这样的环境能够激发他们的创造力。

其次,博物馆空间在卵石画教育中扮演着一个不可或缺的角色,尤其是讲授艺术历史和文化背景等方面的知识。各国对文化建设的高度重视,各级各类博物馆逐步将教育作为其首要职能,博物馆教育与学校教育有机结合,优势互补,充分发挥育人的作用。[2]通过参观博物馆,学生不仅能够直接接触到艺术作品,还能深入了解不同

---

[1] 李志河,师芳.非正式学习环境下的场馆学习环境设计与构建[J].远程教育杂志,2016,34(6):95-102.
[2] 张剑平,夏文菁.数字化博物馆与学校教育相结合的机制与策略研究[J].中国电化教育,2016(1):79-85,108.

文化和历史时期的故事,这对于激发他们的创意和理解艺术的多样性至关重要。一是让学生的卵石画创作的历史和文化背景。博物馆展出的艺术作品和文物为学生提供了一个学习和了解艺术历史的机会。学生可以直接观察不同时期的艺术风格和技术,能够了解不同文化背景下艺术的发展,增进对多元文化的理解和尊重。二是博物馆参观可以有效地融入教学流程。博物馆中的历史作品可以激发学生的创造性思维。学生通过分析和探究这些作品,可以得到灵感。博物馆还可以作为培养学生批判性思维的平台,通过对艺术作品的分析和讨论,学生学会批判性地看待艺术作品。博物馆在卵石画教学中不仅是一个展示艺术作品的场所,更是一种深化学生对艺术历史和文化多样性理解的教育资源。将博物馆参观融入教学,可以极大地丰富学生的学习体验感,激发他们的创意和培养他们的批判性思维。

最后,画廊在卵石画教学中,可成为展示现代和当代艺术作品,以及提升学生艺术批评和欣赏技能的一个重要场所。一是展示现代和当代卵石画作品。画廊是一个展示现代和当代卵石画作品的理想空间,这些作品往往展现了艺术家的创新思维和技术。在画廊中展出的卵石画作品通常反映了当前的艺术趋势和主题,为学生提供了学习和了解当代艺术发展的机会。二是让学生提高艺术批评和欣赏技能。画廊参观提供了分析和讨论艺术作品的机会,通过这一过程,学生可以学习如何进行艺术批评,包括评价作品的技术、主题和表达形式。在画廊中,学生被鼓励欣赏不同艺术家的作品,这有助于提高他们的艺术欣赏能力,增加对不同艺术风格和表达形式的理解。这种互动和学习的经验是卵石画教学的重要组成部分,有助于学生全面发展他们的艺术理解和创作能力。

学校课堂是学生成长与发展的主阵地,同时校外教学空间也在卵石画教学中扮演着关键角色,尤其是在丰富教学内容和体验方面,是学生德智体美劳全面发展的第二空间。如何充分利用卵石画教学的第二空间,用丰富多元的教育活动促进学生健康成长和全面发展已经成为现代学校需要应对的重要课题。[①]公园、博物馆和画廊这些不同的空间可以协同卵石画教学提供一个全面、多元的学习环境。公园、博物馆和画廊空间为学生提供不同的学习体验,学生从自然中直接获取灵感,了解艺术历史,欣赏和分析当代艺术作品。

在制订教学计划时,教师可以考虑如何将这些校外教学空间有机地融入教学流程。例如,安排学生在公园采集材料、在博物馆学习艺术史,以及在画廊进行作品分

---

① 姚林,康翠萍.校农协作:美国学生成长的教育空间探索及其实践路径[J].比较教育研究,2022,44(5):96-103,112.

析。通过这种方式,学生不仅能够在不同环境中学习和实践卵石画,还能够更好地理解艺术在不同文化和历史背景下的发展。这种综合性的教学方法有助于学生全面发展,提高他们的艺术理解、创造力和批评能力。

## 四、校内外教学空间的互动融合

在流程化的卵石画教学中,校内教学外空间的综合运用不仅扩展了教学的边界,也极大地丰富了学生的学习体验。学校教育更多关注作为社会人的一般性和基础性的发展,校外教育更多关注其作为个体人的独特性的发展。[①]这种空间的互动和融合是实现高效、全面教学的关键。校内和校外空间的结合,为学生提供了从传统教室到现实世界的无缝过渡,使学习更加生动。这种空间的综合运用促进了多种教学方式的实施,不仅增加了教学的多样性,还为学生提供了丰富的视角来理解和创作卵石画。激发了学生对艺术的深入理解和创新思维。这种综合性空间运用的教学模式为卵石画教育带来了新的可能性,使学生能够全面发展。

首先,在卵石画教学中,校内外教学空间的融合使学生理论知识和实践经验相互补充,有利于他们全面发展。一是二者融合创建全面的学习环境。校内和校外空间的结合,为卵石画教学提供了从传统教室学习到实际环境中应用的全面体验的机会。这种多元化的空间利用不仅丰富了教学内容,也提供了不同类型的学习环境,可满足不同学生的学习风格和需求。二是互补的教学方式。学生在校内和校外某些教学空间均可以进行理论学习与实践操作。如在教室和博物馆学习卵石画的历史、技术和艺术理论,进行艺术品分析。学生可以在公园中观察和收集卵石,然后在工作室中将这些自然元素转化为艺术作品,在画廊中观察现代艺术表达,并尝试自己的创作。校内外教学空间为卵石画教育提供了一个理论与实践相结合的动态学习环境。这种教学方式不仅增加了教育的趣味性和实践性,还提高了学生对卵石画艺术理解和欣赏高度。

其次,在卵石画教学中,校内外教学空间的融合不仅丰富了教学内容,也提升了教学效果。不同的空间在教学的各个阶段都具有关键作用,从基础技能的培养到深入探索到创作展示,每个环节都能得到不同空间的支持。一是校内外教学空间在教学各阶段具有不同的作用。在校内,学生可以学习卵石画的基础理论知识和技巧,如颜色理论、绘画技巧等。公园等校外教学空间为学生提供了亲身体验和实际操作的

---

① 王海平.校内外教育有效衔接的制度化推进与反思[J].中国教育学刊,2018(2):24-28.

机会,美术馆或画廊等空间可以用来展示学生的作品,这不仅是学习成果的展示也是对学生创作的认可。二是二者融合有利于教学活动的有效安排。利用两空间的互补特性,在规划教学流程时,教师应结合校内外空间的特点,平衡理论学习和实践操作安排教学活动,确保学生能在不同环境中发展艺术技能和创造力。例如,在教室内进行技术讲解后,安排学生到公园进行实地绘画,最后在美术馆或画廊展示成品。校内外教学空间的融合能够有效支持卵石画教学中每个教学流程环节,通过精心安排的教学活动,学生可以在理论学习和实践操作中找到平衡,从而全面提高艺术水平和创作能力。

再次,校内外教学空间融合在促进学生全面发展方面起着至关重要的作用。一是对学生创造力的影响。校外空间如公园和博物馆,提供丰富素材以此鼓励学生观察自然和艺术作品,激发其创造性思维。学生可以将在校外获得的灵感转化为具体的艺术作品,实践创意性的思维。二是培养学生的批判性思维。在画廊或美术馆中,学生有机会深入分析不同艺术家和时代的作品,这有助于培养他们的批判性思维和提高分析能力。三是增强艺术欣赏能力。通过访问博物馆和画廊,学生接触到不同风格和时代的艺术作品,加深了对艺术多样性的认识和欣赏。校内外教学空间的融合能够让学生得到一个全方位的艺术教育,帮助他们在艺术领域全面发展。

最后,在流程化卵石画教学中,校内外教学空间融合的重要性不容忽视。加强校外教育机构与中小学校的合作,促进校内外教育资源共同形成强有力的教育合力,是未成年人健康发展的需要。[①]它们共同构成了一个多元化的学习生态系统,有助于学生在艺术教育中获得全面和深入学习的机会。未来,教学空间设计的创新方向将进一步强化这种融合,使流程化教学更加高效和富有成效。未来的教学空间设计可能会更多地融入先进技术,如虚拟现实(VR)和增强现实(AR),课堂学习有望呈现出全新的教育教学形式和帮助学生开拓视野。这些视野包括因材施教的未来图景、教育元宇宙的实践样态、课堂教学的创新转向、教学评价的手段再生等。[②]随着教学方法的不断演进,教学空间的设计需要更加灵活和可适应,鼓励学生主动参与空间设计,使其更符合他们的学习需求和偏好,这样可以提高他们的参与度和学习效果。

---

① 陈正华,康丽颖,杨彩霞.校外教育与学校教育资源共享与互补机制研究——来自北京、昆明与满洲里三城市的深度访谈报告[J].首都师范大学学报(社会科学版),2010(04):99-105.
② 王正青,阿衣布恩·别尔力克.ChatGPT升级:GPT-4应用于未来大学教学的可能价值与陷阱[J].现代远距离教育,2023(3):3-11.

## 五、实施空间的挑战与解决策略

在卵石画教学的过程中,校内外教学空间的有效利用是至关重要的。然而,这些教学空间在教学实施和维护学生安全方面也面临着一系列挑战。校内教学空间如教室和工作室的空间、布局和资源限制了教学方法的多样性和实践的创新性。尽管校外教学空间如公园、博物馆和画廊提供了丰富的学习机会,但将这些空间有效地融入教学流程,并确保所有学生都能平等访问是一项挑战。克服校内外教学空间的挑战对于提高教学效果和保障学生安全至关重要。这要求教育者不仅要在物理空间和资源上进行创新和优化,还要在安全管理上采取有效措施,创造一个既安全又充满创造性的学习环境,从而促进学生在卵石画艺术中的有效学习。

首先,教学实施空间的限制会直接影响到教学效果和学生的学习体验。校内,一些教室太小法容纳所有学生或提供足够的活动空间,这可能会限制教学方法的多样性,例如无法进行大型绘画项目或团体合作。工作室通常需要储存艺术材料、作品和工具,受到工作室结构和装备的限制可能会出混乱和杂乱无章的工作环境。因此在工作室中,确保学生的安全性至关重要。教学需要大量的艺术材料和设备包括画布、颜料、画笔等,部分学校的预算可能有限,无法提供足够的艺术材料,这可能会限制学生的创作活动。

教学设备的维护和更新可能会受到忽视,导致设备老化或不可用。

其次,在校外教学空间进行教学活动时,安全问题在卵石画教学中是至关重要的。对学生而言,"安全"与"教育"具有天然的内在联系,只有保证了学生的安全,才能进行正常的教育教学活动。[1]在校外教学空间进行教学活动时,教师需要严格地监督和指导,以确保他们不会在不安全的地方或情况下行动。教育者和监护人应密切合作,确保学生的行为安全。进行户外教学时提供必要的安全设备,对学生进行培训,使他们了解应采取的安全措施和行为准则。

最后,积极寻求与外部机构的合作,以获取更多的教学资源和安全管理支持。这种合作可以包括资源共享、专业人员的培训以及共同制定安全准则。教育者和学生都应接受培训,以熟悉这些安全准则并知道如何应对不同情况。通过空间的优化、与外部机构的合作以及严格的安全措施,我们可以为学生创造更好的学习环境和体验。

在卵石画教学中,校内外教学空间教学的安全是不可避免的问题。未来,我们应继续关注教学空间设计的创新方向,特别是在支持流程化卵石画教学的背景下,不断提升教学质量。

---

[1] 刘云生.学生安全管理中的教育放逐与应对之策[J].中国教育学刊,2016(6):47-53.

# 第四节　卵石画教学实施校本案例

为落实立德树人根本任务，践行五育并举、五育融合的育人要求，进一步加深学校"淬炼生存之力，创造生活之美，点亮生命之光"的文化烙印，点亮学生艺术创造的火种，激发学生不断进行艺术创作热情，培养学生解决问题的能力，成都东部新区壮溪小学校以创作一幅情境生动、意蕴健康的卵石画作品毕业礼为驱动，开展综合实践活动，为保障活动的顺利、有序、有效开展，学校创造性开展了卵石画教学活动。

## 一、卵石画教学活动设计与策划

如何将卵石画这一独特艺术形式融入学校课程，以及如何通过艺术创作实现立德树人的目标，实现教育的根本使命。在卵石画教学活动的整体设计和策划中，探讨活动主题确定为"我和卵石有个约定"，旨在通过卵石画这一艺术形式，为学生提供一个多元化、富有创造力的学习环境，从而促进他们在艺术、情感和认知等多方面的发展。

首先，卵石画教学活动致力于贯彻教育的根本任务——立德树人。在这一艺术创作的旅程中，学生们不仅掌握了卵石画的技艺，更在这一艺术实践中培养了耐心、细致观察和创新思维等重要品质。艺术创作，作为一种情感和个性表达的有力渠道，为学生提供了一个探索自我内心世界并表达自我的平台，促进了他们在情感智力上的发展与成熟。本活动紧密遵循五育融合的教育理念，为学生提供了一个多维度的学习环境。如在徒步寻找卵石的活动中，融合了体育与劳动教育的要素；而在卵石画的创作过程中，学生们则在美育和智育的引领下发挥了他们的创造力和审美能力。

其次，"我和卵石有个约定"这一主题不仅是对卵石画这一艺术形式的深入探索，更是一种对校园的深情回溯。该主题鼓励学生回顾他们在校园中的点点滴滴，同时学会珍惜校园时光。通过卵石画这一独特的艺术媒介，学生把关于学校的温馨回忆和深刻感悟转化为具体而生动的艺术作品的规划与安排。本活动定于每年2月至4月，在这三个月的时间里，活动的每个阶段都有细致的安排和规划，从而确保学生能够在准备、实践、创作和展示的每一环节中都有充分的时间。活动的时间安排考虑到了学校整体的教学日程和学生的学习压力，以六年级学生为主，参与人员还包括：校级干部、教导主任、安全办公室主任、六年级全体教师、保安、家长志愿者,旨在最大限度地提升活动的教育价值和学生的参与体验。

## 二、卵石画教学活动实施阶段

卵石画教学活动实施阶段包括活动启动的仪式,活动小组的构建方式,游园活动和校园生活分享会。这些阶段涉及如何通过精心策划的序幕活动激发学生的兴趣,如何组织高效的团队以及如何通过实际活动深化学生对校园文化的理解和情感。这些环节共同构成了卵石画教学实施的关键阶段,不仅强调了艺术教育的实践性,也突出了团队协作和文化参与的重要性。

启动仪式不仅是整个项目的序幕,而且是确立其正式性和重要性的关键环节。在全体学生大会上,校领导将进行开幕致辞,阐明活动的宗旨、重要性及其预期达成的成果。这一环节不仅点燃学生们的参与热情,更在他们心中种下期待与参与的种子。同时,学生代表也将分享他们对即将开展的活动的憧憬与构想,从而增加活动的互动性和同学之间的共鸣。在启动仪式后,班主任将引导学生们构建活动小组。除此之外,年级内教师开展讨论,确定学生活动内容、方式。安全办公室主任制定安全预案。这一过程包括为每个成员分配具体的角色和责任,小组构建最大化地促进学生间的有效沟通和团队合作,确保每位参与者都能在活动中找到自己的位置,并充分发挥其潜力。

校园印记阶段每年3月上旬,参加人包含校级干部、教导主任、安全办公室主任、六年级全体师生、保安、家长志愿者。游园活动是学生的一个富有意义的经历。学生们将遍历校园中那些特殊或美丽的地点,进行摄影留念。游园活动后,学生们将在小组内进行一场内容丰富的分享会。在这一环节,他们将分享在校园不同角落所经历的独特时刻和宝贵回忆,叙述自己与这些地点的特殊联系。教师在这一过程中担当着引导者的角色,确保每位学生都有机会在小组中分享自己的故事和感受,从而营造一个包容和鼓励表达的环境。

## 三、卵石画教学创造过程与实践

以徒步探索旅程为例,接着,教师引导学生深入探讨如何在旅行中寻找和收集卵石,并将这一过程与其他生活记忆结合起来,以增强作品的情感深度。

徒步探索的时间是3月中旬。参加人员包含：校级干部、教导主任、安全办公室主任、六年级全体师生、保安、家长志愿者。分为以下几个阶段。一是学校集合，安全办公室主任进行行前安全教育提醒。二是徒步到达渡口，途中音乐教师可以组织学生演唱关于毕业主题的音乐，班主任、学科教师、保安、家长志愿者维持纪律，体育教师关注学生身体状况。三是过渡口时分批有序乘船渡过沱江河，教师在等候乘船过程中引导表达自己的感受。班主任和保安组织学生纪律，特别注意关注学生安全问题，安全办公室主任每船均要随船，在船只开动前进行安全检查。四是卵石印记。以班为单位，教师组织学生回忆邂逅卵石活动的美好记忆，回忆校园美好生活，同学教师互相赠送离别祝福。五是河心岛寻卵石。学生根据计划在安全区域寻找适合的材料，老师、家长志愿者和保安分配到组，引导学生安全活动，并为学生提供适当帮助。学生在老师和家长的带领下在安全水域清洗捡到的卵石。

这一阶段，学生们将踏上一场充满刺激的徒步探索之旅，走出传统课堂的边界，投入大自然的怀抱。这不仅是一次对自然壮丽景观的深度欣赏，更是一场全面的户外体验。这趟旅途将锻炼学生们的观察力和感知力，学生也能从大自然中汲取灵感，这对于激发他们的创造力和艺术灵感将起到至关重要的作用。学生们在特定区域寻找与收集卵石，这个过程超越了简单的物理活动是一次融合情感和记忆的探索。

最后，在4月启动艺术创作，收集完卵石后，学生们进入了艺术创作的关键阶段。在此，每位学生都将使用他们精心挑选的卵石，作为表达自我故事和情感的艺术载体。完成艺术创作后，每个小组都将对他们的作品进行命名，这一过程不仅给作品赋予了独特的身份，还增添了背后故事的深度。此外，学生们被激励制作微视频来记录他们的创作旅程，从最初的灵感到作品的最终成型。这些视频成为他们学习历程中的宝贵资料，展现了他们从构思到实现的每个精彩瞬间。

## 四、卵石画教学成果展示与评估

介绍艺术作品需经过展览的策划、作品的陈列方式以及作品介绍的撰写。这些过程不仅是学生艺术创造力的体现，也是他们个人风格和创意思考的展示。深入探讨活动的评估过程，评估不仅涉及技术和艺术方面，更关注学生团队合作能力的提升和个人成长的促进。

首先，精心策划的展览安排在每年的5月。学生们将在校园操场上布置一个专门的展览区域，展出他们创作的卵石画作品。这个展区不仅作为他们艺术才能的展示平台，也是他们艺术创作历程的一个窗口。每一件作品都很独特，每件艺术品都将以一种引人入胜且互动性强的方式呈现。每件作品旁边的解说文本详细介绍了创作者的灵感来源和作品背后的深层故事，让观众在欣赏作品的美学价值的同时，深入洞察每件艺术品的内在含义和背后的创作动机。

# 第四章

# 体系化评价——量评卵石画

教育评价是推动教育教学发展的重要环节。在坚持立德树人的教育理念下,合理运用教育评价的精准评估,以学习者的发展为本,依据正当性判断、价值判断等多重标准,对教育主体进行全方位的、综合的评价,落实以评促教、以评促学。基于卵石画教育所强调的五育并举、与时俱进以及个性化发展等原则,明确卵石画评价体系的构建目标与原则,并在此基础上确立卵石画教师评价与学生评价的指标体系。同时,依据卵石画评价原则,开展卵石画教育的系统评价。在量评卵石画教育的过程中,探索卵石画教育体系化评价结果的运用,真正在教学实践场域和社会范围内实现卵石画教学的实质性提升、学习者的个性化成长以及卵石画社会价值的彰显。

# 第一节 卵石画评价指标体系构建

新时代基础教育发展的要求和新课程标准的颁布对基础教育评价指标体系的构建产生了积极影响,同时教育评价体系的构建与实施也对基础教育产生指导与促进的作用。如何构建有效的卵石画评价指标体系,并促进学生发展与教师教学素养的提升,是评价体系构建的关键。基于此,卵石画评价指标体系应以立德树人、促进学生审美与人文素养的培养以及推动学生创新能力的提升为目标,以五育融合互促、尊重学生认知与成长特点以及激励性评价为原则,构建兼具美育与艺术教育等多重功能的卵石画评价指标体系,适应新时代教育发展的需要。

## 一、卵石画评价指标体系构建目标及原则

卵石画评价指标体系在美术教育评价体系构建原则的指导下,结合卵石画具有的自然属性和文化属性,在评价构建目标与原则上推动立德树人根本任务的落实,促进学生的审美与人文素养的提升,激发并提升学生的创新能力。

### (一)卵石画评价指标体系构建的目标

卵石画评价指标体系把美育评价和美术教育评价进行有机融合,在评价指标构建的目标层面,同时体现二者的核心宗旨与特点。在评价指标要素选择方面,应注重学生的审美和人文素养的培养,并确保其符合新时代发展特点。此外,评价指标还应有效推动学生创新能力的提升与发展。

1.推动立德树人根本任务的落实

2015年国务院办公厅发布《关于全面加强和改进学校美育工作的意见》,指出要坚持立德树人、以美育人,把培育和践行社会主义核心价值观融入学校美育全过程,根植中华优秀传统文化深厚土壤,汲取人类文明优秀成果,引领学生树立正确的审美观念、陶冶高尚的道德情操、培育深厚的民族情感、激发想象力和创新意识、拥有开阔的眼光和宽广的胸怀。2020年中共中央、国务院印发《深化新时代教育评价改革总

体方案》，强调了创新美育的过程性评价方式，以增强学生的艺术素养[1]，促进学生综合素质的提升，推进落实立德树人的根本任务。

习近平总书记在给中央美术学院老教授的回信中说，"美术教育是美育的重要组成部分，对塑造美好心灵具有重要作用。做好美育工作，要坚持立德树人，扎根时代生活，遵循美育特点，弘扬中华美育精神，让祖国青年一代身心都健康成长"。[2]卵石画评价指标体系围绕卵石画课程与教学、学习者课堂表现与作业完成情况等要素进行构建，致力于实现"以评促学、以评促教"的良性教育生态。基于卵石画评价指标体系，实现对学习者的图像识读、美术表现、审美判断、创意实践和文化理解等美术学科素养的全面考察，进而推动学习者以阅读、讨论等方式识别与解读图像的内涵，并结合多学科知识、发挥美术表现力以解决学习、工作与生活中的问题。同时，助力学习者使用文字与图像等多种形式表达个人审美感受，并用美术的方式美化生活与周围环境。此外，推动学习者理解中华优秀传统美术的文化内涵及独特的艺术魅力，进一步增强对中华文化的认同感[3]，进而完成在美术教育中立德树人的任务。

2.助力学生审美和人文素养的提升

2020年10月，中共中央办公厅、国务院办公厅印发《关于全面加强和改进新时代学校美育工作的意见》，指出学校美育工作要以提高学生审美和人文素养为目标，弘扬中华美育精神，以美育人、以美化人、以美培元。[4]美育是培养人认识美、体验美、感受美、欣赏美和创造美的能力，推动审美素养形成的过程。学校美术教育是美育的主要途径，运用各种美（自然美、社会美、艺术美、科学美、生活美、人格美等）的知识与方法，构建促进学习者"审美与人文素养"和多方面素养和谐发展的路径[5]，是美术教育评价体系构建的宗旨与目标。

---

[1] 中共中央办公厅 国务院办公厅.中共中央 国务院印发《深化新时代教育评价改革总体方案》[EB/OL].(2020-10-13)[2023-10-30]. http://www.moe.gov.cn/jyb_xxgk/moe_1777/moe_1778/202010/t20201013_494381.html

[2] 新华社.习近平给中央美术学院老教授的回信[EB/OL].(2018-08-30)[2023-10-30]. https://www.gov.cn/xinwen/2018-08/30/content_5317814.html.

[3] 尹少淳.从核心素养到美术学科核心素养——中国基础教育美术课程的大变轨[J].美术观察,2017(4):5-7.

[4] 中共中央办公厅 国务院办公厅.《中共中央办公厅 国务院办公厅印发《关于全面加强和改进新时代学校体育工作的意见》和《关于全面加强和改进新时代学校美育工作的意见》[EB/OL].(2020-10-15)[2023-10-30].

[5] 赵伶俐.新时代美育的使命与实践方略[J].人民教育,2019(6):55-59.

第五代评价理论主张教育的利益攸关方参与行动研究并开展教育评价[①],以彰显教育评价的综合性、立体性、个性化等特点,助力学习者的持续成长。卵石画评价指标体系通过对课堂教学情况、学生作品完成情况等维度进行评估,提高卵石画课程品质与教学质量,同时培养学习者的艺术素养,进而促进学生审美和人文素养的提升。一是在完善卵石画课程与教学方面,通过对卵石画课程内容设计、教学理念与方法运用、教学效果呈现以及教师智能技术运用能力等要素进行全面、系统评价,助力教师将"育人为本、强化素养立意"的美育宗旨浸润在卵石画教学实践中,引导学习者理解卵石画艺术的形式美和意蕴美,感悟卵石画的学习意义与艺术实践价值。二是在对学生卵石画作业作品评价方面,通过对学生的卵石画学习兴趣与态度、知识掌握程度、思维方式、作品创作与表达等维度进行评价,培养学生对美的感知能力和判断能力,进而理解大千世界多样的美以及其背后的文化意蕴。

### 3.促进学生创新能力的发展

党的二十大报告提出"创新是第一动力"[②],在创新驱动发展的时代,社会要求各级各类教育培养大批创新人才以适应科技迅速发展。在基础教育阶段培养学生的创新能力可为其未来创新创业能力的提升打下坚实基础,同时对于推动创新型国家的构建具有重要影响。小学阶段学生的创新能力主要有三层含义:一是具备一定的创新意识,能够从不同视角发现与分析新的问题;二是拥有一定的发现、分析并独立解决问题的能力;三是在一定目的导向下,能够运用已有的知识与技能,产出具有社会意义和个人价值的产品的智力品质。[③]美术教育通过让学生赏析艺术作品,理解作品表达的内涵与情感,进而对其所蕴含的文化意义与社会历史风俗产生思考。美术教育使学生在观察、表达与反思中从不同角度发现问题,并能够在艺术素养积累的过程中产生多元的思维方式,从而提高创新能力。

多元智能理论将智能分为言语语言智能、数理逻辑智能、视觉空间智能、音乐韵律智能、身体运动智能、人际沟通智能、自我认识智能和自然观察智能等八种类型。卵石画评价指标体系在构建过程中尊重个体差异,建设差异化、个性化评价体系,同

---

① 徐昌和.中美学校评价比较研究组织、标准与实施[M].上海:上海交通大学出版社,2016:24-25.
② 新华社.习近平:高举中国特色社会主义伟大旗帜 为全面建设社会主义现代化国家而团结奋斗——在中国共产党第二十次全国代表大会上的报告[EB/OL].(2022-10-25)[2023-11-01].https://www.gov.cn/xinwen/2022-10/25/content_5721685.html.
③ 杨慷慨,陈杰.乡镇小学生创新能力培养研究[J].教学与管理,2020(4):36-39.

时注重评价主体的多元性,将教师、学生、家长和社区共同纳入评价主体范畴,从多维度开展客观、准确的评价,力求挖掘每位学生的特长与潜力,促进其多元智能的发展,推动学生创新能力的提升。

## (二)卵石画评价指标体系构建的原则

在构建卵石画评价指标体系过程时,我们应基于基础教育的目标与宗旨、学生的认知发展水平与知识储备情况等要素,确定符合各学段学生特点的评价指标。同时,卵石画评价体系也应对卵石画教育教学产生导向作用。因此,为确保卵石画评价指标体系发挥积极作用,推动科学、客观、适切的评价开展实践,我们需遵循教育的基本原则,即新时代的五育互促原则、符合学生学段及个性特征的适切性原则以及推动教学与教育优化的激励性原则等。

### 1.五育互促原则

五育互促原则主要用于教育评价指标体系的构建,使该体系实现对德育、智育、体育、美育和劳动教育等全方位考察与评价,进而推动学生五育的共同发展。在教育评价体系中实现五育融合,需特别关注基础性、整体性与阶段性等原则,同时兼顾开放性、融合性和连续性等特点。在对基础教育阶段课程、教学与评价进行设计的过程中,应对其基本原理、观念等基础性知识与要素进行符合儿童兴趣与认知的调整。基于此,教育评价体系的建设应围绕时代性和五育学科的属性,实现多方主体、多元评价,进而为相关教育项目的优化与改进提供强有力的帮助与支持。

卵石画评价指标体系在构建过程中,应将培养学生的五育作为评价的目的与方向,为学生的全面发展奠定坚实的基础。具体表现为,在卵石画评价体系的测评目标方面,将学生的五育全面融合、发展确定为评价的价值与宗旨;在评价内容与要素指标选择方面,注重将考查指标与五育培养的要求有机联结,实现以评促学,推动五育培养在卵石画评价体系中的实践;在评价方式方面,采用教师教学评价、学生自评、同伴互评以及家长评价等模式,实现在评价过程中对卵石画教学的优化、在学生自评中提升学生的认知水平与表达能力、在同伴互评中增强沟通与合作技能、在家长评价中助力良性亲子关系的形成,进而推动学生的五育融合发展。

### 2.适切性原则

新时代的基础教育评价体系构建应遵循教育的规律,即面向不同学段的学生主体和不同类型的教育特点进行个性化的分类设计,强化教育评价的育人功能。[①]小学教育评价体系构建应坚持以"育人"为中心的评价价值取向,更新评价理念的同时强化过程性评价、优化结果性评价。此外,在遵循学生的个性品质及成长环境差异的基础上,探索并建立增值评价,实现对学生成长的深度关注,为不同特点和禀赋的学生提供多元成才的教育通道。同时,基础教育阶段的美术评价体系,基于新课程标准理念,注重将音乐、健康、语言、科学等领域的特点与美术有机融合,构建适切的评价体系,在多学科融合的指导下推动学生美术素养的培养与提升。

卵石画评价指标体系在构建过程中,应从关注学生的学段与认知水平、个体差异等方面出发,实施具有发展性的多样化评价。一是在关注学生的学段与认知水平方面,由于学生的学段差异,其知识储备、认知水平和心理状态均呈现不同特征。如在审美感知的卵石画评价指标中,针对低年级学生的测评主要围绕观察卵石的线条、形状、色彩等,对卵石画进行描述,而针对高年级学生则侧重于考查其是否可以运用讨论、比较等方法分析卵石画作品,是否了解不同时期与卵石画相关的艺术家及代表作品等。二是在注重对个体差异的考查方面,进行针对性、适切性的评价,卵石画评价指标体系构建的重点在于用量化与质化相结合的方式反映学生审美能力的变化。由于学生的审美偏好与特点受多方面因素影响,因此要在尊重差异的视角下实现对卵石画评价指标体系的建设,推动增值评价的有效开展是适切性评价的关键。

### 3.激励性原则

教育艺术的本质在于鼓励、唤醒和鼓舞。在现代汉语词典中,"激励"意为激发鼓励,即通过劝勉的方式使人进步;在英语中,"激励"可译为encourage、enlighten、inspire等,即帮助某人获得自信、激发想法、驱使某人前进等。[②]激励性原则在教育评价中的应用旨在通过正向激励的方式,注重过程性评价,以提升学生的内在学习动机并保护其求知热情,推动学生积极地自我认知建构与发展。激励性原则的评价特征主要体现为评价的积极性与正向性、推动学习者的自信心提升、关注学习者学习动机的提高以及发展性等。

---

① 朱德全.新时代基础教育评价改革如何通向学生的美好未来?[J].教育科学研究,2023(10):1.
② 叶平枝.教师激励性评价对幼儿发展影响的实证研究[J].教育科学研究,2022(3):92-96.

激励性原则主要应用于卵石画评价指标体系中的教学评价,具体表现为通过激发学生信心以提高其学习的主动性与专注程度、提高学生的学习品质,改善教学过程中的师生关系以提高教师的教学质量与学生的学习水平等。一是在提升学生的信心与学习主动性方面,注重对学生的行为偏差进行正向激励与负面化解,重点对教师教学评价中的化解功能进行评价。二是在提高学生的学习品质方面,重点对教师的课堂行为进行评价,如教师是否根据学生个性的不同给予客观、针对性的评价。三是在提高教师的教学质量与学生的学习水平方面,侧重对教师开展卵石画教学过程中对学生评价的时机与适切性进行度量,助力教师把握学生发展水平与达成目标的关系,并基于层次性建构、发展学生的学习品质。

## 二、卵石画课堂教学评价指标体系构建

卵石画课堂教学评价指标体系构建作为卵石画评价指标体系构建的重要环节,对于优化与创新卵石画课堂教学、促进学生自主学习的实现具有重要影响。课堂教学评价目标与原则的制定是卵石画评价体系建立的基础,其应坚持育人为本,强化素养立意,将评价有机贯穿于课堂始终,邀请多方主体共同评价,提升评价的信度与效度等。此外,在课堂教学评价指标的选择与确立方面,教师应先对教学的各要素进行全方位评估,如教学目标的科学性与合理性、教学内容的连贯性与综合性以及教学方式的多样性等。

### (一)卵石画课堂教学评价目标与原则

课堂教学评价目标与原则的确立是推动卵石画课堂教学评价实施的重要保障。卵石画课堂教学评价指标体系在反映美育与美术教育目标指向的同时,也应坚持贯彻立德树人的根本任务。基于此,在卵石画课堂教学评价指标体系的目标与原则中,应坚持育人为本,将评价嵌入课堂教学的过程,推动多元主体共同参与评价,进而提升卵石画的教学质量,推动高品质卵石画课堂的建设。

1.坚持育人为本,强化素养立意

美术教育并非教人画画,而是通过美术中的各类训练促进个体的健康成长。[1]小

---

[1] 曾繁仁,王力申.儿童艺术教育与创造力培养——罗恩菲德儿童艺术教育思想初论[J].首都师范大学学报(社会科学版),2023(4):56-64.

学美术教学评价在核心素养的教育背景下增添了新的时代内涵,即通过相关教育评价实现促进学生价值、认知、知识与情感等方面的综合、全面发展。美术教学评价应重点体现学生在课堂中的主体地位,在尊重个体差异的视角下,助力每个学生可持续发展。核心素养视域中的美术教学评价旨在发挥课堂教学的总结、反思与指导作用,关注学生在课堂中的具身性,培养学生的美术创作批判性思维、综合思辨力与审美能力与素养等。

卵石画课堂教学评价应将核心素养的培养贯穿整个教学评价过程,挖掘教学内容的育人价值。同时其结合学生的成长需求,把握教学过程中显性知识习得与隐性能力培养、近期教学目标与长期教学计划、整体培养目标与个体发展规划间的关系,进而指导以学生审美和人文素养发展为中心的教学目标设计,推动优质教学资源的整合。在此基础上,教师引导学生积极、主动参与卵石画实践活动,理解卵石画的形式美和意蕴美,感悟卵石画学习的意义与艺术实践价值。

2.评价嵌入课堂,贯穿教学过程

评价是决定学生的行为实际发生的变化达到何种程度的过程。基于此,将美术评价自然地置入课堂并贯穿整个教学过程是提升课堂教学评价科学性与真实性的有效路径。由于美术教学样态具有多元性的特点,其以主题单元形式呈现,让学生习得美术相关专业知识与技能以解决实际问题,需要一个相对充分的过程。同时,培养学生的美术学科素养是一个由浅入深的过程,因此,美术教学评价不仅要贯穿于完整的单元教学过程,还需要对教师制定的教学目标、设计的教学内容以及使用的教学方法等进行综合考量。

在卵石画课堂教学评价过程中,评价嵌入课堂主要体现在课前、课中与课后等维度。一是在课前准备阶段,对教师的备课过程进行评价,关注教学目标与宗旨的选择与制定,促进教学目标与核心素养、学生可持续发展相耦合;二是在课中教学阶段,借助人工智能设备实现对教学过程的视频、音频分析,全方位、多维度考量课堂教学过程中学生对图像识别、卵石画美术表现与创意实践、审美判断等理解与掌握程度;三是在课后教学反思方面,基于习作和课堂视频资料,分析教学目标的完成度等。

3.多方主体参与,增强评价全面性

由于美育具有的审美标准多元化等特点,在进行美术教育评价时教师应结合多方意见以实现评价的客观性与科学性。在美术教育课堂评价中,邀请学科专家、学生、教师、学科主任等共同对课堂进行评价,实现评价信息来源的多样化、评价流程的完整性,进而保证课堂评价的专业性和评价程序的公平性。具体表现为在美术教学评价过程中尊重专家,积极聆听教学过程中作为教育主体的学生的声音,注重教师的自我反思和学科主任的意见反馈,以保证美术教育课堂教学评价过程的科学性与有效性,并在此基础上实现对多重评价指标及要素的全面考查。

卵石画教育由于其艺术表现形式的特殊性,在开展卵石画课堂教学评价过程中,邀请多方主体共同参与评价更有利于提高教学评价的信度与效度,促进以评促学、以评促教的落实。一是学科专家参与卵石画教学目标评价,对卵石画课堂教学评价中的"评什么"做出准确评判,如教师在制定教学计划时是否将多元素养培养贯穿于教学始末;二是学生参与卵石画课堂教学过程评价,学生作为课堂的主体之一,对于卵石画教学的实践效果具有直观的感受与判断,将其纳入评价范畴有助于教师优化教学模式。

## (二)卵石画课堂教学评价指标体系的要素

基于课堂教学评价指标体系的要素包含教学目标、教学内容和教学方法等要素,开展卵石画课堂教学评价应依据上述要素进行,实现综合、多元的分析与评价,以推动教学目标的更新、教学内容的优化和教学方式的创新,以充分发挥师生在课堂中的主体性,构建师生共创的优质课堂。

### 1.教学目标评价

教学目标是完成教育、教养和发展三者间的有机统一[①],在课堂教学开始前对教学目标进行评价与优化对教学实践的开展具有积极影响。组织相关学科专家对教学目标进行评价,侧重于考查教学目标的制定是否实现各学科间的教学目标协同、体现核心素养,并依据实际学情对教学内容进行加工与整合、明确主题与单元教学的重点与难点等。

卵石画课堂教学目标评价即在课程实践开始前对课程与教学系统内部的各构成要素进行综合分析,进而厘清教学目标、推进教学内容与方式的优化与改进。主要从

---

① 高文.教学过程最优化原理及其基本方法体系和实施程序(巴班斯基教学论思想述评之二)[J].外国教育资料,1983(2):24-35.

课程与课标的契合度、美术要素运用状况、课程教学主题单元设计的合理性等维度进行教学目标评价。在课程与课标的契合度方面,重点评估教学目标在分段教学方面的完成度,即是否依据学生认知发展特点制定符合该学段特征的教学要求;在课程教学主题与单元设计方面,重点评价课程设计是否体现了美术课程标准中"欣赏与评述""造型与表现""设计与应用""综合与探索"等模块的设计;在评估卵石画教学中欣赏卵石画、绘制卵石画和思考卵石画的文化意蕴等主题单元设计的适切度等。

2.教学内容评价

学习机会理论作为国际教育评价领域衡量教育质量的重要指标,其指出在教学过程中,教师应采用提升学生学习能力的教学方式开展课堂教学实践活动,即教师在确定教学内容时,应综合考虑学生的知识储备、教学性质和目的以及学生学习投入度等因素,并依据不同学生的学习状况提供相应的任务。因此,在进行美术教育评价时,教师对课堂教学内容进行分析与评价有助于提升教学质量与学生的学习效果,促进美术教育的多元化发展。

卵石画课堂教学内容评价的重点是对课堂的主题与知识进行分析与评估,在考查教学主题设计合理性的基础上对相应的知识关联性进行优化,以实现对教学主题、知识等教学内容的有机整合,推动以核心素养为导向的教学内容开展。一是教学主题的评估,主要基于课程主题与学生学龄的适切性、各主题间的连贯性与整体性等要素进行评价,并针对低、中、高等各学段的学生开设符合其认知与学习特点的、兼具知识性与趣味性的主题。二是教学内容中的知识点评估,侧重于评价教师对知识内容进行深度构建与联结的科学性与有效性,知识构建是否推动学生创造力与解决问题能力的提升。

3.教学方式评价

2023年5月教育部印发《基础教育课程教学改革深化行动方案》(以下简称"方案"),教学方式变革作为方案中的重点内容,进一步明确了教学改革的方向与路径。《义务教育艺术课程标准(2022年版)》中艺术课程改革的综合性增强,弘扬经典传统文化的功能凸显等特点,这也要求艺术教育的教学方式创新与完善。同时艺术教育的教学方式也应适应教育数字化转型的时代浪潮,运用人工智能、多媒体设备辅助课堂教学[1],运用面授、录像等方式支持学生在各场域进行相关学习活动,激发学生的创造力与学习兴趣。

卵石画教学因卵石画本身具有的多元性、创造性等特征,在教学方式层面也具有多样性与综合性的特点。教师在进行卵石画教学方式评价时,主要关注教学方式的多样性与教学技术使用的科学性、综合性等维度。一是在教学方式的多样性层面,教师首先要营造出开放、轻松的课堂教学氛围,摒弃传统的、讲授式的教学方式,将项目式教学、合作式教学与探究式教学有机结合,使学生成为课堂的主体。二是在教学技术使用层面,卵石画教学要创造性地运用传统器具、材料和现代媒介,传统器具如国画的笔墨纸砚等,同时也要引入现代的智能教学设备,如热转印机、3D打印机、激光切割机等,丰富课堂教学样态。

## 三、卵石画学生学习评价体系构建

卵石画学生学习评价体系在考查学生阶段性、过程性学习成果以及学习状态方面,发挥了重要作用。基于卵石画教育的属性与性质特征,结合学生的特点确定卵石画学生学习评价原则,并在此基础上设计卵石画学生学习评价的构成要素及评价内容标准。

### (一)卵石画学生学习评价的原则

卵石画学生学习评价原则对构建学生学习评价体系、选择适切的评价指标具有指导意义。卵石画学生学习评价原则在传统美术教育评价目标与宗旨的基础上,还体现了其作为源于自然的艺术表现形式的独特性。具体包括学生学习评价指标选择的开放性、评价方式的多样性以及评价内容的全面性等。

1.学生学习评价指标开放性原则

学生通过教育的引导形成交谈的兴趣、探究的兴趣、制作的兴趣以及艺术表现的兴趣。因此,在对学生进行美术学习评价时,教师应摆脱以量表为尺度的单向度评价指标,在把握美术学习是融合了德育、智育、美育以及劳动教育等多种教育内涵的学习方式的基础上,以评价指标开放性为原则构建学生美术学习评价系统,使系统兼具通用性与适用性。

---

[1] 李永贞.地方戏曲艺术在中小学艺术课堂教学中的融入[J].中国教育学刊,2023(S1):124-125.

卵石画学生学习评价指标从纵向维度出发,分别对学生课前、课中和课后的各要素进行分析与考查,横向维度则包括对学生个体的学习动机、学习兴趣、学习偏好、学习特长以及认知方式和心理状态等进行评价。在评价指标开放性原则的指导下,确立学生学习评价体系的框架,对相关评价维度进行明确界定与划分,同时允许教师、家长以及第三方评价人员如卵石画相关从业者及艺术家等,依据不同场域下的卵石画教育状况进行个性化调整,保证评价体系的科学性与有效性。同时,依据学生的学习偏好与特点开展更具针对性的指导,助力每位学生的综合发展。

2.学生学习评价方式多样性原则

在教育数字化转型时代,智能技术设备也在一定程度上让学生的学习方式更新,推动学习者深度学习与混合式学习的实现。基于学习成果导向理论,教育评价的终极目标为"学为会学、学为学会",通过对学生学习进行评价推动其习得知识、掌握技能并塑造良好品行。同时,在"互联网+教育"的时代背景下,信息技术的运用为教育评价的开展提供了技术与数据支持,利用大数据、人工智能、多模态算法和多元模型对学习者学习方式的变化趋势与偏好进行跟踪评价,有助于教师从多维度深度了解学生的学习状况,实现对学生的个性化指导。

在构建卵石画学生学习评价体系的过程中,除了从知识、技能以及情感等维度进行指标确定外,还可采用多元评价方式对学生学习兴趣、态度以及学习成果等信息进行采集与评估。具体表现为对学生过程性学习进行跟踪与记录,以及对学生结果性测试进行多维度分析。一是在对学生过程性学习的评价方面,基于电子档案袋等信息,挖掘学生的学习与成长轨迹。二是在对学生结果性测试的评价方面,在考查学生知识习得情况的基础上,挖掘并分析其背后的影响因素,促进综合评价的实现。

3.学生学习评价内容全面性原则

为避免对学生的学习评价出现借用或改用传统学习评价模式,而影响评价的科学性与准确性的情况,教师需要依据美术教育的特点、要素和课程标准等对学生的学习评价进行专业评估,使用适切的学生学习评价系统。在学生学习评价内容选择层面,除了将学生课后作业、知识掌握度、技能获得情况等作为评价的依据,还应注意对其创新能力、动手操作能力、表现力等进行综合评估。在评价内容全面化的基础上助力学生从心灵深处实现美术知识的深度构建,实现对美术知识的深度理解,进而达成从美术知识到美术素养的转化。①

卵石画学生学习评价内容的全面化原则在评价过程中具体体现为对学生知识、技能和情感的全方位、深度考查。一是在卵石画知识维度,理论层面包括对卵石画的历史渊源、特征、代表艺术家及作品,操作层面包括对卵石画绘画与制作工艺的理解等。二是在卵石画技能维度,具体表现为能否熟练运用水粉、马克笔以及3D打印技术等对卵石画作业进行设计与创作、独立或在学习小组共同协作下完成兼具时代性与传统性的作品。三是在卵石画情感维度,表现为是否通过卵石画学习对中国传统绘画艺术具有深切的认同感与民族自豪感、对现代艺术有深刻且独特的体会,能否将卵石画绘画作为自己的兴趣爱好,在好奇心等内驱力的作用下进行主动学习等。

## (二)卵石画学生学习评价体系要素构成

卵石画学生学习评价系统的要素贯穿学生学习卵石画的全过程,具体包括表现评价、作业评价、期末测试评价。对学生在课堂中的学习表现的全面、综合评价,助力培养学生的自主学习能力与学习兴趣;对学生的课后作业的分析与评价,考查了学生的卵石画创作技能与团队合作能力等;开展期末测试评价,以学期为周期评价学生学习卵石画的情况,以实现对学生个体个性化培养。

### 1.表现评价

美术合作学习课堂将评价内容有机融合于课前学习准备和课中学生表现等过程中,任课教师需在课堂实践开始前阅读学生的美术学习档案,进而为学生提供更加个性化、精准化的,能阐述创作意图与注意事项的学习机会。②课堂学习的表现评价除了包含对学生绘画技巧的评价外,也需对学生的创作灵感与意图、绘画基础与进步、学习态度与方法以及合作学习能力等方面开展综合评价。在评价的呈现方式上,教师可采用评语、指标打分等多种形式进行可视化呈现,还应关注学生学习过程与学习结果的有机联系。

对于卵石画课堂中学生的表现教师可采用观察法、提问法、与学生进行交流并借助信息技术设备如课堂教学记录仪、语言文本分析器等方法,对学生的知识习得程度、学习态度与兴趣、学习体验等进行多维度评价。一是在学生的知识习得程度方

---
① 杜许灿.中小学美术学科深度学习"三样态"与推进路径[J].教育理论与实践,2022,42(14):60-63.
② 张学而.小学美术课堂合作学习的实施与评价[J].教学与管理,2020(17):43-45.

面,其是指学生对卵石画的重要概念与知识的掌握程度,对卵石画创作中的技法领悟程度等,如学生是否可以使用恰当的绘画技巧与工具准确地表达创作主题等;二是在学生的学习态度与兴趣及体验方面,在小组合作学习的课堂中,教师在使用记录仪等设备的基础上,通过观察、交流等方式对学生的课堂活动进行记录与分析,分析学生的动机与兴趣点,完成对学生创新能力、动手操作能力、合作沟通能力的评估。

2.作业评价

作业是学生为达到相应的学习目标,完成教师设计的学习任务,而实施的学习活动,其旨在助力学生掌握与课程、教学相关的知识与技能。[1]在对学生的课后作业进行评价时,教师需要依据学习目标、学习任务以及学习者特征等进行综合考量。此外,教师在进行作业设计与评价时也应体现开放性、情境性、整合性等特点。作业的难度合理、类型多样,既有独立完成型与团队合作型、书面型与活动实践型、巩固练习型与创意实践型,也有共性化与个性化的作业。

为规避"作业黑箱"等问题,作业评价方式应从对结果与作品的评价转向以表现性评价为中心的评价方式。作业评价包括课堂活动驱动型作业评价、小组合作型作业评价和作业真实性的算法分析与评估等。课堂活动驱动型作业评价通过评价学生对作业的理解,在搜集创作素材与资料整理、逻辑分析与成果产出方面,评价应体现并总结学生作业的创新性与完成度。小组合作型作业评价依据学生在研讨内容与合作的参与度、作品的创新度等方面的表现进行深度评价。作业真实性的分析与评估借助算法工具与模型,借助聚类分析、主题抽取等方法,评估学生作业的内容创新度与独立完成度等。[2]

3.期末测试评价

期末测试是检测学生阶段性学习成效的重要方式,美术教育的期末测试评价有助于教师了解学生学习成效,评估学生审美素养与人文素养,助力教师培养学生向多元方向发展。教师在设计期末测试评价时应采用开放性测试等形式,通过开放性测试调动学生学习美术的积极性,使测试过程转为高质量的自主学习与反思过程。[3]此

---

[1] 郭要红.有效作业的内涵与设计策略[J].中国教育学刊,2009(6):62-64.
[2] 李海峰,王炜.生成式人工智能时代的学生作业设计与评价[J].开放教育研究,2023,29(3):31-39.
[3] 崔登乾.两试结合 评价多元——期末测试改革的初步尝试[J].教学与管理,2012(13):83-84.

外,开放性测试的题目、题型设计较为灵活多元,且赋予学生更多的主动权,故有利于帮助学生克服测试焦虑,更充分地让学生展示个体的个性与特点,彰显美术教育尊重学生个体间差异、助力学生个性化成长的原则与宗旨,助力每位学生发现美、感知美、创造美。

卵石画期末测试评价的开展应立足卵石画艺术素养发展、学生个性化成长,以学期为时间维度,结合课堂教学目标、内容,采用综合性题目测试与小组共同创作评价等方式对学生的卵石画学习成效进行综合、全面的评估。同时,根据不同阶段卵石画教育的侧重点差异,设置符合各学段的期末测试评价子系统。

# 第二节 卵石画评价实施流程

开展卵石画评价对卵石画教学的优化具有重要意义,学生自评、同伴互评以及多主体参与的综合评价等共同构成了卵石画评价体系。在卵石画评价实施前,教师应明确卵石画评价的逻辑与相应流程,并依据各评价方式的特点,采用适当的流程与方式开展各级、各类评价,为卵石画评价结果做好准备。

## 一、学生自评的逻辑与流程

学生自评对卵石画课堂教学质量提升、学生自主学习能力发展具有重要作用。学生自我评价兼具精准性与个性化,自评逻辑按基于技术兴趣的学生自评、基于实践兴趣的学生自评和基于解放兴趣的学生自评依次递进。学生在进行自评前,首先应明确综合、科学的评价观念,学会运用智能设备提升自我评价的效率与质量,同时教师应定期对学生自评进行分析并反馈,助力下一阶段学生自评的开展。

### (一)学生自评卵石画的逻辑

人类的基本认知兴趣分为技术兴趣(Technical Interest)、实践兴趣(Practical Interest)和解放兴趣(Emancipatory Interest)等三类,知识是由人类的需要塑造而成的,不同类型的知识表达了不同的认知兴趣。不同的学习和评估任务服务并适用于不同的认知兴趣,进而衍生出三种学生自评,即基于技术兴趣的学生自评、基于实践兴趣的学生自评和基于解放兴趣的学生自评。

1.基于技术兴趣的学生自评

技术兴趣指利用一定的规律通过规范的行动控制环境的人类的基本兴趣,其核心为人对外界事物的控制。科学知识的构建源于人类试图通过将世界作为可观察、可测量、可探索的、客观且独立存在的客体,以实现对其的控制。该类型的知识是建立在技术兴趣的基础知识上的,技术兴趣即"对客观化、可量化过程的技术控制"的兴趣。同时,技术兴趣不局限于科学领域,凡存在的、具有客观化特征的,均被视为可服务于技术兴趣。基于技术兴趣的学生自评,即学生根据既定的客观指标、公允的标准对当前自身的学习状况与学业成就进行评估,并对自己的学业成果进行赋分的过程。

学生基于技术兴趣自评卵石画的过程即为依据既定的评价指标、标准对自己的作业、课堂表现等方面进行评级与打分,并在此过程中反思阶段性的学习成效。如在学习态度与兴趣方面,是否对卵石画产生较为浓厚的兴趣;在知识与技能习得方面,能否较为熟练地运用各种工具并结合现代信息技术进行创作;在创新创作方面,是否可以独自或与团队合作使用虚拟/增强现实技术,选择自己感兴趣的主题进行创作构思;在沟通合作方面,能否与学习小组中的同学一起合作设计卵石画的造型与图案,能否在小组中表达自己对卵石画作品的想法等。

### 2.基于实践兴趣的学生自评

实践兴趣是对意义一致性的解释,主要为通过与周围环境相互作用而理解环境的人类的基本兴趣。实践兴趣的核心是理解,指个体的内在目标与动机,是一种过程取向。[①]客观性知识或常识已无法满足人类互动的需求,进而产生了基于互相协商、交流构建的行动导向知识,推动实践兴趣的深化。基于实践兴趣的学生自我评价指在开展自评活动的过程中,学生通过与教师、同学进行交流而形成的对评估目标与内容的个性化理解,从而构建出属于每位学习者自身的评价系统。该自评系统是学生在基于技术兴趣评价的基础和已初步形成自我评价系统的框架下,对自我评价的升级一个系统。

基于实践兴趣的学生自评有助于激发学生参与卵石画创作与评价的主体意识和探究热情,进而推动自我评价发挥以评促学的功能。实践兴趣导向的学生自评通过明确教师与学生的对话主题而有效开展。该类自评步骤为明确评价指标、协调并调动班级学生以小组的形式开展针对卵石画教育的讨论,进而让学生在讨论过程中进行自我反思并自评。如教师以卵石画的创作能力评估为主题,与学生共同针对卵石画创作的主题选择、创作工具的使用、创作技巧的体现、创作意图的说明等方面内容进行讨论,学生在此过程中反思自身在上述方面的表现以及亟待改进之处,推动学生自评。

---

① 赖静,曾文婕.我们需要怎样的学生自评——基于国外学生自评类型研究的整体性范式建构[J].外国教育研究,2019,46(11):114-128.

### 3.基于解放兴趣的学生自评

解放兴趣指人类对"解放"和"赋权增能"的基本兴趣,其核心为通过自我反思而塑造独立、自主的状态,是人类对社会结构的批判性洞察而产生的自主行为。在技术兴趣和实践兴趣自评开展的基础上,学生对自我评价的理解逐渐深化,并产生了更为深刻、个性化的反思活动,进而形成了解放兴趣。基于解放兴趣的自我评价,即学生通过对相关知识与智能的学习所形成的、针对教育内容与任务的批判性思考,进而产生独立的自我分析与评估的过程。基于解放兴趣的学生自评旨在帮助学生对自身思考方式与行为方式的调节与掌控,发展高阶认知技能。

基于解放兴趣的学生自评,一方面学生意识到自己是卵石画学习与评价的主体,能够自我调整并改进卵石画学习过程,更加深入地发现自己在卵石画创作中的优势及不足并加以修正。另一方面,学生能够在理解自评系统的基础上,反思自身学习状况与评价标准的适切性,批判性地运用并生成属于自己的评价系统,构建个性化的个人评价标准与系统,提高自身学习卵石画的水平,基于自评促进自身学习与发展。如高年级学生群体,通过对照卵石画评价中创作工具使用的评价标准,发现自身在利用传统绘画工具方面的特长,并关注到自己在运用信息技术进行卵石画创作方面的不足,进而着力提高自己的信息技术使用能力,并制定相关计划助力自身更好地学习、使用信息技术进行创作。

## (二)学生自评的流程

对卵石画学习成效进行自评是学生学会自主学习和培养终身学习习惯的重要行为,自评对后续卵石画教育的开展和学生高质量学习具有重要作用。在开展学生自评前,教师需引导学生形成客观、全面、综合的卵石画自评观念,关注他们综合素质的发展。同时,在开展卵石画自评的过程中,学生要学会运用智能技术提高评价的科学性与精准性。为保证自评的可持续开展,教师应定期对学生自我评价系统进行分析,并结合学生特点对其自我评价系统进行个性化调整。

### 1.转变自评观念

自评的过程主要包括学生对自身课堂表现的过程性评估,对作业完成情况的形成性评价以及对期末测试的反思性评价等内容。因此,为达到学生自评促进其个性化、优质化发展的目标,教师需引导学生形成正确的自评观念,打破长期以来固有的

"学生自我评价即自我评分"等片面化、狭隘化的观念,让学生对自评的综合性、整体性和全面性有正确的认知,充分发挥学生自评"优学促教"的意义与价值。

引导学生转变卵石画自评观念的过程主要包括明确自评的原则、确定自评的维度并鼓励学生针对自身特点开展个性化评价。一是在明确自评原则方面,教师通过讲授、展示等形式明确自评旨在明确每个学生的学习状况与找出学习过程中出现的问题,打破以固定评价指标开展自评的单向度评价思维。如针对卵石画文化理解方面的自评,依据相关的评价指标,鼓励学生进行开放性思考与评价,发现在该维度中出现的问题。在确定自评的维度与鼓励学生开展个性化评价方面,教师制定相关的参考标准,包括对课堂表现评价、课后作业评价、创作能力评价、工具运用评价、作品呈现评价等维度,助力学生更高效地、有针对性地开展卵石画自评。同时在学生进行自评时,对学生的自评情况实时指导,完善其自评体系。

### 2.运用信息技术

在教育数字化转型的背景下,教育评价正在与信息技术进行深度融合,评价活动的网络化、数据化、精细化等特征也逐渐凸显。信息数据平台的搭建与使用、评价算法的普及与推广,为学生自评的高质、高效提供了重要的技术支持。

多模态学习数据信息和多样化评价工具的应用打破了传统评价在收集过程性评价数据、分析多维度评价信息方面的局限,优化学生自我评价的环境。一方面,生成式人工智能、电子信息储物柜等技术的出现为学生学习信息的储存提供了物质基础,网络化评价的自动收集和生成评价的过程也提高了学生构建自我评价系统的效率。另一方面,这些技术可向每位学生提供动态的、实时的、独有的学习情况,助力学生自我调节。

卵石画学生自评系统在信息技术的赋能下,开展了综合性强的过程性、动态性的自我评价。综合性的自评有助于学生更准确地了解自己学习卵石画的成长轨迹。提升自我评价质量的信息技术具体包括定期对学习数据进行录入与更新、运用评价系统进行分析等。一是学生需定期向学习平台录入自身当前的学习效果与存在的问题,如将卵石画作品上传至平台、录入教师和同伴的反馈信息,在学习中出现的疑问与反思记录,形成自己学习卵石画的成长档案。二是在固定周期对学习平台中生成的阶段性评价报告进行分析,在借助信息技术进行评价时,学生也要依据评价数据进行总结,并在此基础上调整下一阶段的评价指标及相关参数,逐渐构建属于自己的评价系统。

3.教师反馈

动态评价理论(Dynamic Assessment,DA)提出了互动式(Interaction)评价模型,该模型关注评价过程中评价者与学习者的互动。[①]就学生自评而言,学生具有学习者和评价者的双重身份,可能导致在评价过程中角色冲突的产生,影响自主评价的准确性。基于此,教师向学生反馈自评成效,帮助学生更清晰地了解自己的学习进度、在自我评价中出现的问题、亟待改进之处,引导学生对自评结果分析总结,进而明确下一阶段的自评目标。同时培养学生的自我评估和元认知能力,为后续更为适切、优质的自评打下坚实基础。

学生进行卵石画自评时,任课教师应重点关注学生自评目标的综合性与全面性,补充学生遗漏的评价维度与指标,并根据当前学生自评的学习状态对其自评系统进行个性化调整。在自评目标的综合性与完整性方面,基于卵石画教育的教学目标,如理解卵石画的历史、文化内涵,明确创作意图,使用创作工具并独立完成创作等,教师对自评系统中的文化底蕴、能力素养、认知发展等进行评估;在调整学生的自评系统方面,根据学生的学习状况,如对评价系统中学生的作品创意、文化理解等进行分析,挖掘学生的特点、优势以及补足存在的短板,定制更符合学生成长状态与未来发展的评价维度,助力学生下阶段优质的自我评价。

## 二、卵石画同伴互评

同伴互评又称相互评价,在教育评价的过程中发挥同伴的力量是指通过对同伴进行观察、模仿并评价同伴的表现,发挥互助合作与知识共享的精神,达成学习目的的一种评价方式。[②]在评价的组织形式方面,同伴互评的类型包括:一对一式、小组成员式和小组之间式的相互评价。在坚持同伴互评的真实性、发展性和尊重性等原则的基础上,卵石画同伴互评有助于提升学生的学习能力和教师的教学质量,并对塑造学生的良好品行产生积极作用。同伴互评的流程为首应确定完整的评价任务,并进行同伴匹配,待评价完成后教师对互评进行总结,提高学生的互评能力。

---

[①] 张文霞,王晓琳.中国英语能力等级量表在大学英语写作课堂学生自评中的应用研究——动态评价理论视角[J].中国外语,2022,19(1):71-78.

[②] 李有华.网络课堂中同伴评价的研究[J].中小学信息技术教育,2005(2):49-51.

## (一)同伴互评的价值与原则

1. 同伴互评的价值

同伴互评在美术教学中的应用是现代教育评价的必然要求,其包含较为丰富的教育理念等。与传统评价模式相比,同伴互评在促进学生自主性提高、塑造良好品格、推动课堂教学完善等方面发挥着积极的作用,主要在以下三个方面产生作用。

一是在助力学生积极参与教学活动。传统课堂教学模式是学生在课堂中进行卵石画创作与绘画,较少对自己的绘画表现与练习效果进行积极主动的反馈与回顾。但在同伴互评的过程中,学生通过与同桌、小组内其他成员交流发现自己在创作与绘画过程中的问题,成员互相帮助并修正错误,进而提高自我认知能力。学生对卵石画学习的认知越全面,越会积极主动地参与卵石画教学实践活动。同时,教师可以对在同伴互评中发现的共性问题进行针对性的讲解,提高学生的卵石画素养。如教师通过观察一年级学生的互评结果,发现班级内大部分同学对卵石画历史发展的理解存在偏颇和不完善之处,可在课堂小结的教学环节中对卵石画历史发展进一步讲解。

二是在促进学生养成良好人格与品德。卵石画同伴互评主要从两个维度塑造学生健全的人格。第一个维度是促进沟通能力的提高,卵石画同伴互评要求学生具有较好的口头表达能力,能够清晰、有逻辑、准确地表达自己对同伴学习卵石画的观点与想法,且陈述内容具有说服力和客观性,以便于被评价者理解与接受。同时,也要求学生具备语言表达的技巧与艺术性,具有较好的共情能力,思考运用何种方式能使对方更好地接受自己的观点而不会对其自尊心产生伤害。第二个维度是养成良好的学习态度。卵石画互评过程有助于学生形成虚心、认真的学习态度。若要在互评中取得良好的效果反馈,参与评价的学生需秉持虚心的态度,即互评双方在互相尊重的基础上虚心听取他人的建议,进而发现自己在学习过程中的优势与不足。

三是在教师通过同伴互评掌握学生的学习信息,促进课堂教学质量的提高。同伴互评是教师获取学生情况的重要途径。由于学生们相处的时间较长,他们在性格特点、学习态度等方面更了解彼此,也更容易发现同伴在学习中的优点和不足。基于此,教师通过学生之间的互评能够更为全面、充分地掌握学生学习卵石画的基本情况,得出学生个体的卵石画评价报告,并调整后续卵石画课堂教学内容与教学方法,以更好地进行卵石画教学。

2.同伴互评的原则

在运用同伴互评的方式开展卵石画评价的过程中,为更好地促进学生的集体意识和合作精神、提升他们的沟通与表达能力,帮助他们塑造认真与包容的品质,卵石画同伴互评应遵循以真实性、发展性和尊重性为核心的原则。

一是真实性评价原则,即在同伴互评的过程中,教师应该运用科学、合理以及具有针对性的方式对学生进行指导,引导学生对他人做出客观、准确、负责任的评价。学生由于自身认知与社会情感仍处于发展阶段,在对他人进行评价时可能会带入个人感情,如无意识受与被评价者的关系的影响进行打分或反馈。在此情况下,教师应先提出公正的评价观念,用案例展示等方式向学生展示恰当的评价行为,帮助学生做到对他人公允评价。这既是对被评价者负责,也是评价者应尽的义务。

二是发展性评价原则,即在评价过程中注意学生互评的可持续性与动态性。通过互评的方式促进学生卵石画学习的发展,让学生在掌握卵石画的知识与技能的同时,提高创新能力与加强人文素养,进而提高综合素质水平。因此,在进行同伴互评的过程中,教师应明确同伴互评的设计指向为促进学生持续性发展,关注学生各阶段学习过程的评价,对他们的学习状况进行动态的、阶段性的分析与评估。即定期在课堂活动中开展卵石画同伴互评,以学习小组为单位对卵石画教学的兴趣与态度维度、知识与技能维度、思维与价值观维度、学习表现维度进行观察、分析和评价,助力学生对自身的学习习惯与态度、图像识读和学习迁移能力以及绘画设计与创作能力等形成较为准确、客观的认知。

三是尊重性评价原则。需求层次理论指出,尊重需求是个体对自己尊严感和价值感的追求,对自我实现的发展具有积极影响。自尊心是学习者进行学习调节的高级机制,在同伴互评过程中尊重学生、爱护学生有助于学生高自尊状态的形成。高自尊状态下的同伴互评能够让学生在感受被肯定与赞美的喜悦同时,更容易接受自身存在的不足和需要改进之处,并加以修正与调整。基于此,教师在介入卵石画同伴互评的过程时,应鼓励学生多挖掘被评价者的优点和长处,能够发自内心地对被评价者的优势进行赞美与肯定,并采用恰当、易被接受的表达方式向被评价者提出不足与改进之处,以形成良好的互评环境。

## (二)同伴互评的流程

卵石画同伴互评在具体应用与实践过程中,需要依据不同学段的学生特点调整评价维度与标准,匹配同伴。其流程为教师先基于教学目标与内容对评价任务进行指定并发布,对不同类型的学生群体划分,然后根据一定的原则进行同伴匹配,最后围绕评价任务在同伴互评中开展卵石画互评与小组互评。

1.发布同伴互评任务

教师发布卵石画互评任务是卵石画互评的关键环节,对卵石画互评效果具有重要影响。同伴互评任务的内容主要包括对基本信息、评价形式、评价主体与指标权重以及评价任务的数量与类型等进行确定与设置。

一是确定同伴互评的基本信息,主要包括对本次互评的内容进行描述,并规定互评的时间等。评价的阐述与解释以及互评截止时间的规定,有助于提高同伴互评的准确性与效率。二是明确卵石画同伴互评的评价形式。如在量化同伴互评卵石画方面,教师需制定百分制的评分标准以及相关综合评价量表;在同伴互评的定性方面,则需对评价的文本对象进行选取和确定。同时,教师可使用互评署名的方式以提高评价者的责任感,进而促进被评价者重视评价结果。[1]三是在评价任务数量方面,若任务量较少则可能导致互评的准确性不足,而较多的评价任务量则会加重评价者的负担。

因此,教师需结合具体的课堂教学目标、内容以及学习者的学习水平和认知能力等,分配适量的评价任务。如针对低年级学段学生,卵石画互评主要以口头语言反馈的形式呈现;针对中、高年级学段学生,卵石画互评主要以口头表述与书面描述等形式综合反馈,在提高各学段互评质量的同时,助力学生综合素质的发展。

2.匹配同伴

任课教师发布卵石画互评的相关评价任务后,需要对评价者和其他同伴进行配对,进而生成个性化的评价任务。由于学生在卵石画学习过程中的表现能力、学习能力和心理、认知情况存在差异,因此随机匹配学习者开展同伴互评可能对评价结果的信效度产生影响。在匹配同伴的过程中,教师应注意对评价小组进行科学组合,并保证学习者卵石画评价任务数量的均衡性,以保证高质量进行卵石画同伴互评。

一是在选择、匹配同伴方面,可依据评价能力进行组合。如高—高(中、低),中—

---

[1] 马玉慧,赵乐,刘晴.在线同伴评价的影响因素及其促进策略研究[J].电化教育研究,2016,37(3):108-114.

高(中、低)、低—高(中、低)等,有研究发现学生评价能力与其学业水平呈现正相关的关系。同伴组合时基于"没有经验的学生可以从具有一定学习经验的评价者收获较大"的理念,助力在学业上处于不利地位的学生以评促学。二是在同伴匹配过程中,确保每位学习者的评价任务数量均衡方面,要求每位学习者评价相同数量的同伴,同时也要被同等数量的同伴评价,以达到公平评价、每位同学通过评价实现基本均等受益的状态。在此过程中,可借助智能设备以及电子数据评价网络平台,建立机会均等的系统匹配机制,自动生成卵石画同伴评价配对表。

3.同伴评价与结果反馈

在确定卵石画同伴互评的评价任务、确定同伴分组匹配后,学习者可依据评价范围及指标对同伴进行评价,包括对其卵石画作品进行定量、定性以及混合评价。其中卵石画作品的定量评价包括依照指定的评价维度及指标在线填写各部分得分,如卵石画作品主题选择情况、卵石画技术运用情况、卵石画作品完成度等。卵石画作品的定性评价则包括对他人卵石画作品的亮点及有待改进之处进行评价,并提出修改建议。同时,被评价的学生根据评价者的评分及建议的可行性与适切性,在评价等级量表中对同伴给出评价的质量进行反馈,反向助力同伴提高评价水平。

在同伴互评环节中,要注意同伴互评的准确性与客观性。即在同伴反馈前可选择隐藏同伴的评分,待双方均完成互评后再显示每位学生的评分,以减少对他人的干扰。此外,如果卵石画作品是小组成员共同创作完成的,则应要求组内的每位同学均参与卵石画互评,并根据小组人数进行评价任务量的分配,全员参与可保证互评的质量与每位学生的参与度。此外,在同伴互评完成后,教师需要对小组协作的评价进行分析,主要包括对评价任务完成情况以及评价的专业性等进行评级,帮助每位参与卵石画互评的学生在进一步掌握互评方法的基础上,提升责任感、问题解决能力、沟通交流以及团队协作能力。

# 三、卵石画综合评价流程

卵石画综合评价是指多元主体运用多种评价方式对学生学习卵石画的效果进行综合分析与评估的过程。20世纪70年代末,为克服单一主体评价可能存在的弊端,教育评价领域将多元主体共同参与评价的理念引入教育评价中,并在此基础上逐步形成了各类基于多元评价主体的评级模式,如相关人员为本的评价、参与评价、使能评价等。[1]以多元主体为基础的卵石画综合评价,在评价标准、评价内容和评价方式等相关方面原则的指导下,使教师、家长以及卵石画相关从业人员共同进入学生卵石画学习的评价系统中,为学生提供更全面综合的、科学的评价信息,助力学生从多个维度更好地理解和认识自己。

## (一)卵石画综合评价的原则

卵石画评价标准的多样性、评价内容的丰富性和评价方式的多元性共同建立了卵石画综合评价体系。因此,卵石画综合评价的原则在评价标准方面,体现出了依据学生学龄进行评价指标的个性化设置特点;在评价内容方面,凸显评价内容的对象化和校本化等特点;在评价方式方面,突出了智能时代大数据与智能平台系统评价精准化的特点。

### 1.评价标准学段化

卵石画教育在面向不同学段的学生开展时,既要注意纵向衔接的一致性也要横向关注各学段学生的发展特点。同时,在基础教育阶段进行卵石画综合评价时,我们应将促进小学生综合全面的发展纳入考量范畴,平衡好卵石画学习情况与学生成长,体现卵石画评价的独特性与灵活性。

一是关注各学段卵石画综合评价的衔接度。在进行各学段评价衔接时,根据《义务教育艺术课程标准(2022年版)》中"美术学业质量描述"部分,评价维度从审美感知、艺术表现、创意实践和文化理解等维度进行划分[2],以保证卵石画评价在基础教育阶段的连贯性。二是关注各学龄学生的阶段特点,在进行卵石画教育评价时,我们应充分体现评价的综合性与全面性,如针对卵石画的文化理解评价部分,对于低学段学生重点考查其对"卵石画艺术是中华民族文化艺术的丰富体现"的感受,对于中高学段的学生则侧重于评价其能否运用感悟、讨论、比较等方法对卵石画作品的内容与特点进行描述。

---

[1] 蔡敏.论教育评价的主体多元化[J].教育研究与实验,2003,(1):21-25.
[2] 中华人民共和国教育部.义务教育艺术课程标准(2022年版)[EB/OL].(2022-04-08)[2023-11-11].
http://www.moe.gov.cn/srcsite/A26/s8001/202204/W020220420582364678888.pdf.

### 2.评价内容综合化

卵石画教育作为美术教育的分支,在学生评价方面也展现出了个性化、综合性等特点。构建卵石画综合评价体系既要聚焦真实的评价节点,厘清不同评价、检测指标间的关系,也要注意评价内容应体现学校的办学特色与理念,打破"千篇一律"的综合评价内容风格,将区域文化和精神贯穿于评价学生的过程中,使卵石画评价内容更加立体、综合。

一是在卵石画综合评价内容方面体现对象化的特点。卵石画综合评价的维度与指标的划分应具体,使每项评价指标都有具体的、可观测的对象。[①]如将卵石画综合评价指标同具体的卵石画课堂、活动、学习过程、学习成效,学生行为表现,学生特长发展,卵石画实践经历等建立直接关联。同时确立具体的评价内容,并为不易采集的隐性数据如学生的特长发展情况、学习成长趋向等建立相对应的指标体系和可量化的数据采集渠道。二是由于卵石画教育是因地制宜、因校适宜的独特美术课程,因此在美术教育评价基础上,卵石画学生评价内容也应体现地区、学校特色,将小学生综合、全面的素质发展特点与学校的办学理念与文化、区域特色与精神相结合,构建彰显学校特色的卵石画综合素质评价体系,推动学校品牌文化的塑造,助力学校的特色发展。

### 3.评价方式智能化

在人工智能时代,智能技术与评价信息系统的应用推动了卵石画学生评价的发展,这也使卵石画综合评价具备智能、可视等新特征。将大数据、智能算法、多模态模型等用于卵石画综合评价,通过数据提取、聚类分析,教师得到个性化的学生学习卵石画的成长报告,并通过互联网学习系统让每位学生的学习轨迹可视化,描绘学生学习成长画像。

一是基于卵石画教育数据采集,实现"以学生为中心"的卵石画智慧评价。通过运用类型多样、功能强大的常态运行评价数据采集工具[②],实时采集学生在学习卵石画过程中与日常进行卵石画相关活动中的学习数据样本,确保智慧评价的丰富性。二是通过卵石画教育数据的智能处理,保证卵石画综合评价结果的真实性与科学性。

---

① 李云贵.小学生综合素质评价指标体系的校本化构建与实施[J].人民教育,2023(12):71-72.
② 杨鸿,朱德全,宋乃庆,等.大数据时代学生综合素质评价:方法论、价值与实践导向[J].中国电化教育,2018(1):27-34.

卵石画综合评价需要反映学生在卵石画学习习惯、学习方式、学习进度、学习状态、学习效果以及对卵石画的学习兴趣等方面的内容,还关注学生在学习过程中的心理状态、心理品质,以评价、分析和预测学生综合素质发展的轨迹与状态。

## (二)实施流程

卵石画综合评价是在多方主体共同参与的基础上采用科学、恰当的方式对学生学习卵石画的阶段性成效与状况的全方位反馈。综合评价的实施流程首先需要确定评价主体的范畴,即在以学校和教师为评价主体的基础上,邀请家长和卵石画相关从业人员共同参与评价,实现在家庭、学校和社区等多场域对学生学习卵石画状况进行全面评估。其次,还应将卵石画综合评价与学校教育教学过程有机衔接,实现对卵石画综合评价结果的可视化。

1. 确定"家—校—师—专"主体共同参与评价

卵石画综合评价贯穿于学生的日常生活和学习的全过程,评价也涉及家庭、学校、社区等多个场域,因此该评价需要家长、教师和卵石画专业人员等多主体共同参与。同时,为进一步提升卵石画综合评价的准确性与科学性,由学校主导构建"家长—学校—教师—专业人员"等四方协同的卵石画综合评价主体,各方主体在完成评价任务的基础上,共同推动卵石画综合评价体系的形成。

家长、学校、教师和卵石画相关从业人员从各方面对学生的学习状况进行综合评价,如在日常生活中对卵石画的观察与思考、在学校场域内参与卵石画相关实践活动、在课堂中接受卵石画教育和课外活动过程中参与卵石画创作等实践活动。学校主要从校内日常管理方面进行评价,即将校内卵石画布置与装饰活动融入学生的卵石画综合评价中,考查学生参与相关卵石画艺术活动的积极性与合作精神;家长在其他家庭成员和教师的配合下,观察学生完成卵石画家庭作业的专注度、兴趣特点和创作意图,进而评价学生的卵石画审美素养、文化理解;教师在教学过程中对学生在卵石画课堂中的课堂表现、小组合作和卵石画作品呈现等方面进行分析,对学生的卵石画绘画技能等进行评价。此外,邀请卵石画相关从业人员及民间卵石画艺术家参与学校组织的卵石画绘画与创作活动,专业人员可在卵石画原料选材、绘画技巧使用、创作意图表达等方面对学生的作品进行专业的、客观精准的点评。

## 2.评价与教育教学过程有机衔接

评估学生的卵石画综合素质需要海量的数据以及学生学习卵石画的信息,这些信息来于卵石画教育教学全过程。因此,为实现精准、个性地评价学生学习卵石画的情况和综合素质发展状况,应将卵石画综合评价与教育教学过程有机衔接。教师对学生的课堂表现、学科成绩、卵石画相关活动参与情况以及学习过程中的心理状态、社会实践等进行归类与分析,逐步形成对学生学习卵石画的综合评价。

学生的学习构造分为构造成就和构造过程两方面。[①]教师在开展卵石画综合评价的过程中,把评价与教育教学过程紧密衔接,可从成果视角发掘、分析并评价学生的卵石画作品,从过程视角关注学生的自我发展与成长变化状况。同时,在教育教学中教师可从卵石画与生活、卵石画社会实践和创新等维度对学生进行综合评价,如其在生活中发现卵石画的艺术性、积极参与卵石画相关的社区艺术活动,在校园活动、课堂等教学场域独立或以小组合作的形式创新创作卵石画作品。教师对这些维度可用等级打分、评语评价和分享反馈等方式进行综合评价。

## 3.卵石画评价结果可视化

学校在构建卵石画综合评价体系的过程中,可以"五美小榜样"智能评选系统为基础,利用智能设备和互联网平台辅助卵石画综合评价的开展,并将对学生学习卵石画的综合评价以可视化的方式呈现。"五美小榜样"即在卵石画学习过程中成为"美德小榜样""美智小榜样""美健小榜样""美艺小榜样""美创小榜样"的学生。通过对"五美小榜样"的评价标准及相关内容进行设定,可按最终结果给每位达到评价指标的学生颁发荣誉称号。当学生同时获得5个荣誉称号时,即可被评为"五美小榜样",这种评价在将卵石画综合评价可视化的基础上,发挥激励作用,还可激发学生学习与成长的信心。

一是在确立各类"小榜样"的评价标准方面,学校管理者、教师、家长和卵石画相关从业人员应协商,确定每个评价维度下的子指标,并对相应评价方法如观察法、电子档案袋记录法、等级评定法等的使用进行说明,保证评价的科学性、精准性。二是在评价结果反馈周期方面,可将学期作为评价结果的呈现周期,即学校每学期评选一次"五美小榜样",并在学期末通过智能评价学习平台发布"五美"综合素质发展报告。

---

① 白倩,侯家英,李艺.支持个性化发展的学习者评价之哲理溯源——基于胡塞尔现象学的分析[J].华东师范大学学报(教育科学版),2023,41(11):97-107.

该报告由学习平台依据学习数据、反馈数据、日常活动数据以及监测数据等汇总组成,并向家长、教师班级内每位同学反馈学生学习卵石画的成效。同时,将学生在本学期内参与的卵石画相关活动、课堂表现以及创作作品以文字、表格和图片等方式进行可视化展示。

# 第三节　卵石画评价结果运用

社会有机理论指出,社会像有机的生物体系统,社会主体在良好的系统中得到社会资源的支持而有效运行。[①]对卵石画教育评价体系而言,学校卵石画教育教学、家长支持的卵石画教育实践和社区参与的卵石画活动等的开展,促进卵石画评价体系的顺利运行。同时,卵石画教育评价体系的实践也对教育教学的升级、学生成长与发展、优化家校共育以及彰显卵石画的社会价值产生了积极、正向的效用。

## 一、赋能教育教学升级

卵石画教育评价体系通过对卵石画教育教学和学生学习状况及学习成果等进行全方位的综合评价,在完善卵石画课程教学目标、优化卵石画课堂教学内容和更新卵石画教学方式等方面发挥了重要作用,全面推动卵石画教育教学升级。

### (一)推动卵石画课程目标完善

基于《义务教育艺术课程标准(2022年版)》,艺术课程围绕核心素养体现课程性质、反映课程理念、确立课程目标。卵石画教育评价从增强核心素养导向出发,明确制定各学段的课程目标,进而推动卵石画课程目标的完善。

1.深化卵石画课堂的核心素养内涵

《义务教育课程方案(2022年版)》将聚焦核心素养作为基本原则之一,同时,在课程实施的具体过程中也提出坚持素养导向的教学改革和教育评价观念更新的理念[②]。即通过教育评价加强素养导向,引导核心素养在课程目标中的建构与实施。卵石画教育评价的实践主要运用评价组建核心素养交互主体、整合核心素养互动空间和塑造核心素养内核,从而深化卵石画教学的核心素养。

---

① 杨聚鹏.新时代教育评价改革政策的价值意蕴、执行阻力与改革路向[J].教育学报,2022,18(5):106-117.
② 钱洁.基于核心素养的教师教育评价话语价值反思和意义重构[J].中国教育学刊,2023(7):45-49,102.

一是卵石画教育评价促进核心素养交互主体的建构。卵石画教育评价使教师和学生共同成为深化核心素养的主体,核心素养可以更有效、顺畅地融入卵石画课堂教学。二是整合核心素养的课堂互动空间。核心素养呈现出了文化基础、自主发展和社会参与等维度的特征[1],即核心素养在不同空间场域中具有的互动性与对话性。卵石画评价在学校、课堂等场域开展,可推动核心素养在卵石画课堂教学目标中的显现度。

2.明确各学段教学目标

教师通过卵石画课堂教学,应帮助学生达成如下目标:发现、体验和欣赏艺术美、自然美、生活美、社会美,提升审美感知能力;丰富想象力,提高艺术表现力;发展创新思维,提升创意实践能力;感受和理解我国深厚的文化底蕴,坚定文化自信;了解不同地区、民族和国家的历史与文化传统,学会尊重、理解和包容。[2]同时,在卵石画教育评价的指导下,应进一步明确各学段教学目标。

一是在第一学段(1—2年级),卵石画教学应让学生学会感知身边的美,并使用不同的、简单的工具与材料,如刻刀、水彩涂料等,依据自己的想法,让学生能表达自己对卵石画的感受,并积极参与班级或小组开展的卵石画艺术造型游戏活动。二是在第二学段(3—4年级),卵石画教学应让学生学会欣赏、评述艺术家作品,感受卵石画魅力,运用传统和现代的媒介,以视觉形象的方式与他人交流等。三是在第三学段(5—6年级),卵石画课堂教学应让学生学会运用元素、原理和技巧,对不同国家、地区的卵石画艺术作品进行欣赏,提升学生对卵石画艺术的创意表达能力,并能够依据"人与自然和谐共生"的卵石画创作主题,在学校或社区内进行卵石画创作与展示,增强学生的社会责任感。

## (二)助力卵石画教学内容优化

教育结果的测量并不局限于排名,教育投入与教育结果的相关性测量也是研究

---

[1] 柳夕浪.走向整体的人:核心素养的整合意义[J].中小学管理,2019(4):25-28.
[2] 中华人民共和国教育部.义务教育艺术课程标准(2022年版)[EB/OL].(2022-04-08)[2023-10-30] http://www.moe.gov.cn/srcsite/A26/s8001/202204/W020220420582364678888.pdf.

的重心,其目的是为教育实践提供一种证据基础。[①]卵石画任课教师对学生学习卵石画状况进行分析、评价,可以了解学生在卵石画课堂中的真实状态以及课堂教学中出现的问题与不足,进而调整、优化课程内容以提升教学质量。

1.强化卵石画课程内容的合理性与科学性

艺术课程标准将美术课程内容划分为"欣赏与评述""造型与表现""设计与应用""综合与探索"等四类,通过对卵石画教育教学的评估,教师可分析自己安排的课程内容是否与该课标中的要求相符。并在此基础上加入乡土特色和本校特色,增强卵石画课程的科学性与合理性。

一是卵石画教育教学评价增强了卵石画课程内容的逻辑性与合理性,教师在评价的基础上分析卵石画课程内容与美术课程内容的共性与差异性,并进一步对卵石画课程内容进行完善。如针对"欣赏与评述"的课程内容,在对身边的卵石画艺术、中国卵石画艺术、世界卵石画相关艺术进行赏析的过程中,教师可发掘卵石画课程赏析中乡土特色以及其包含的"见微知著"的文化内涵。二是教师评价学生的卵石画作品,反向拓展并升级卵石画课堂教学内容。从艺术欣赏、绘画技术、创作意图等方面分析学生的卵石画作品,促进卵石画教学课程内容结构的更新。

2.推动卵石画课程内容与学生的耦合

在艺术实践性的指导下,美术课程的内容以"学习内容"和"学习任务"为主线构建课程体系。"学习内容"是完成"学习任务"的重要路径,因此在卵石画课程内容的建设过程中,需要把学生的学习任务与学习内容紧密联系。教师在课堂教学与学生学习过程中实践卵石画教育评价体系,可有效提高卵石画课程内容与学生间的耦合度。

一是卵石画综合评价使教师在考查学生学习任务完成度的同时,还可以对卵石画课程中的美术语言与艺术实践等进行有效分析。如卵石画教育评价对学生卵石画作品的创新性和主题表现力进行多模态数据分析,教师在此基础上分析"用卵石画装点我们的生活"学习任务的完成度,再将其与课程内容中的"生活与设计"进行匹配,可找出课程内容中的不足之处。二是在各学段的课程内容与学习内容耦合方面,基于贯穿教学过程的卵石画综合评价,促进各学段学习内容与课程的衔接。如教师在

---

① 格特·比斯塔.测量时代的好教育:伦理、政治和民主的维度[M].张立平,韩亚菲,译.北京:北京师范大学出版社,2019:12.

卵石画课堂中开展项目式教学和问题式教学,可了解学生对"设计与应用"部分的卵石画知识掌握程度以及学生在此过程中的技能习得情况、思维方式发展状况等。教师可基于此对各学段"设计与应用"部分的教学内容进行更精准的规划与制定。

## (三)推动卵石画教学方式更新

卵石画教育评价体系构建,在借助智能设备及在线平台分析工具的基础上,可高效获取原始的分析数据,并还原卵石画课堂教学状况。其有助于教师精准分析教学进度与教学情况,提高课堂教学目标、内容和教学方式的反馈质量。卵石画教学方式更新的具体方式为增加卵石画教学方式的多样性和提高卵石画教学方式的适切性等。

### 1.增加课堂教学方式多样性

通过对教师的卵石画教育与和学生学习的进度进行系统评估,我们发现卵石画教学方式主要以讲授、辅导学生进行卵石画样本临摹等为主,单向高度重视学生对卵石画知识与技能的习得度而忽略了创新能力、批判思维等的发展以及人文素养、审美素养的提高。

在信息技术与立体、多元的数据支持下的卵石画评价体系,为还原综合课堂教学、增加课堂教学方式多样性提供可能。一是开展深度整合式教学。教师引导学生借助在线教学平台确定自己感兴趣的卵石画学习主题,并使增值性、过程性评价贯穿其中,赋予卵石画教学新样态,推动卵石画知识与技能、实践和跨学科融合等要素有机嵌入卵石画教学全过程。二是推动项目式、问题式教学开展。通过卵石画教育评价,我们改变传统的课堂教学逻辑结构,从教师传授知识转为学生在教师的帮助下建构卵石画知识体系。帮助教师在分析学生卵石画学情的基础上,从教学逻辑结构的角度思考如何构建以学生为中心的"卵石画学堂",并基于该教学逻辑构建完整的教学操作体系。

### 2.提高教学方式适切性

基于卵石画教学目标和教学内容的深度评价,明晰了卵石画教学目标、内容与教学方式间的关联,这对提高课堂教学方式的适切性具有重要影响。依据卵石画教学主题选择合适的教学方式,并在数字技术支持下从适切性与科学性两方面拓宽教学方式。

一是在提高教学方式的适切性方面,由于卵石画教学内容分为欣赏与评述、造型与表现、设计与应用和综合与探究等模块,因而在不同模块选择合适的教学方式对增强教学效果、提高学生的学习质量有重要作用。如针对卵石画欣赏与评述部分,采用的教学方式为探究式教学和实验场景模拟,借助VR头戴显示器,构建虚拟的沉浸式卵石画艺术场域,还原各区域卵石画艺术创作氛围,开展体验型探究活动。二是在增强卵石画教学方式的科学性方面,通过对任课教师的教学方式进行评价,判断教师使用的教学方式是否准确、科学。在评价结果的基础上,我们对教师的教学方式进行完善并给予适度建议,帮助其更熟练、科学地依据卵石画教学主题进行教学方式的选择。

## 二、助力学生成长与发展

学生是卵石画教育的重要主体之一,合理使用卵石画综合评价结果推动学生成长是卵石画评价的重要功能与作用。多元主体的卵石画评价在促进学生习得卵石画知识与技能的同时,也对促进学生核心素养的发展、审美素质的提升和健全品格的形成具有重要作用。

### (一)促进学生核心素养的发展

核心素养是跨学科的知识与技能、过程与方法、情感态度与价值观的整合,是个体在解决复杂现实问题过程中体现出的综合性能力,是学生通过学习获得的能够在社会实践中应用的知识、能力和态度的集中体现。[1]2016年9月,《中国学生发展核心素养》正式发布,该研究成果将核心素养划分为文化基础、自主发展和社会参与等3个方面,表现为人文底蕴、科学精神、学会学习、健康生活、责任担当和实践创新等6大素养,同时细化为包含国家认同等18个基本要点。关注学生的核心素养培养从本质上说是关注"教育要培养什么样的人"这一问题[2],而艺术教育则是核心素养在具体学科教育方面的体现。卵石画教育作为艺术教育的形式之一,其对学生核心素养的培养具体表现为从知识与技能习得、情境体验、创作展示表现等方面推动学生核心素养的发展。

---

[1] 王则灵,郭兰兰.《义务教育艺术课程标准(2022年版)》的新趋势与新变化[J].北京舞蹈学院学报,2023(2):142-148.
[2] 林崇德.21世纪学生发展核心素养研究[M].北京:北京师范大学出版社,2016:1.

一是开展卵石画学习评价。学生在习得卵石画知识与技能的基础上,将知识与技能转化、凝练成学科观念(disciplinary ideas),并形成以核心素养基础为前提的个人知识(personal knowledge),进而推动核心素养的形成。[1]二是在具体的课堂教学与卵石画活动中对学生学习卵石画的情况进行评价。在情境学习中教师通过考查学生对绘画知识、方法和对卵石画情感状况与文化认同度,推动他们在情境中发展人文底蕴与实践创新能力。三是在教师评价、同伴评价与家长评价的过程中,观察学生在卵石画学习、创作过程中的表现,包括表达能力、鉴赏能力、沟通与合作能力等,从学生的行为出发,教师对学生的核心素养进行评价与反馈。

## (二)促进学生审美素质的提升

卵石画评价体系作为美育评价体系的分支,其目标指向提高学生的审美素养。审美素养是学生在审美经验基础上积累形成的审美素质涵养,主要由审美知识、审美能力和审美意识等要素构成。[2]卵石画评价通过考查学生对卵石画美术知识以及相关的艺术知识与艺术史知识的习得度、学生对卵石画美的感受能力以及卵石画审美意识,全面提升学生的审美素养。此外,卵石画评价通过学生的电子成长档案袋以及其他与学生卵石画学习、成长相关的动态,全息数据分析结果以及教师、家长对学生的卵石画学习评语、记录等,从工具理想与价值理性两方面促进学生审美素养的形成。

一是教师根据学生卵石画课堂表现以及作业完成情况,对学生的知识与技能进行评价与指导,从知识层面推动学生审美素养的形成。卵石画知识作为审美素养的基础,教师在考查学生习得卵石画知识的过程中,重点从卵石画历史知识的掌握度和逻辑形成度等两方面,借用课堂视频、生成算法评估等技术,开展卵石画知识与技能评价。二是卵石画评价运用智能穿戴评价设备如佩戴智能手环,对学生在卵石画课堂以及相关活动中的表现进行记录,对学生学习卵石画的心理状态、专注程度等进行全方位分析,以指导学生如何更好地利用感觉、知觉等对卵石画作品进行理解,提升其审美理解能力。

---

[1] 张华.论核心素养的内涵[J].全球教育展望,2016,45(4):10-24.
[2] 杜卫.论审美素养及其培养[J].教育研究,2014,35(11):24-31.

## (三)推动学生健全品格的形成

道德心理学领域的"结构—发展"理论指出,道德与品格是学生在其与社会道德环境的交互作用中逐步发展与构建的,基于学生发展的阶段与学习情况,将道德发展分为"惩罚和服从的定向阶段""利己主义定向阶段""好孩子定向阶段""法律与秩序定向阶段""社会契约定向阶段""原则与良心定向阶段"等。在学校教育过程中,学科与学科教学实践活动是培养学生品格的重要载体,卵石画教育作为美育的一种表现形式,其根本旨意是促进学生成为完美的自己。同时,由于品格的发展以学科为载体[1],卵石画评价通过对学生的知识、情感与认知进行全方位考查,推动学生健全品格的形式。

一是在促进学生的个人品质发展方面。在问题式教学、项目式教学的课堂、兴趣驱动式项目以及突破时空限制的场域驱动式卵石画项目等的活动中,卵石画评价从解决真实问题、丰富学习体验和提高内驱力等维度,提升学生面对学习困难所需的坚强果敢、正直自信、富有责任感和关爱他人等品质。二是在培养学生的公民道德方面。该评价通过分析对学生参与卵石画实践活动全过程的记录,帮助学生形成良好的社会意识、公民意识和环境意识,使学生具有责任感与公德心并产生自觉保护自然环境的意识。

# 三、优化家校共育

家校共育的核心在于"共育",家校共育顺利、积极地开展有助于提升学生综合素质。好的家校共育的开展需要在"沟通"与"共享"两个维度进行积极探索、形成合力,共同推动学生成长与发展。[2]卵石画综合评价在多主体参与评价的基础上,为家校共育提供了技术保障与动态反馈。

一是在促进家校沟通方面。卵石画综合评价中的多主体从主体层面、动态评价成效方面帮助家长充分掌握学生在学校的卵石画学习状况,如卵石画学习动态状况、卵石画学习成果展示、学习期间的心理与行为状态等。在此基础上,卵石画综合评价促进教师与家长进行积极、有效的教育沟通,同时该评价体系可打破时空局限,推动"有温度"的家校沟通的开展。二是在家校共享方面。卵石画综合评价借助"互联网+

---

[1] 余澄,孙妍,王后雄."必备品格"的内涵、生成过程及发展路径[J].教育研究与实验,2023(5):90-98.
[2] 王传金.家校共育提升学生综合素质[J].中国教育学刊,2023(10):105.

教育"的信息平台,实时反馈学生学习动态,将有效的卵石画教育理念和相关优质教学资源与家长进行实时共享,帮助家长在家庭场域与学生共同完成卵石画学习。卵石画综合评价与信息平台系统的共同促进家校共育的优化与发展。

# 第四节 卵石画评价的实践案例

为切实分析卵石画教学与学习评价系统构建原则与路径,本文以成都东部新区壮溪小学校卵石画校本课程的教育评价为研究案例,对壮溪小学校学生学习卵石画的评价与卵石画教师教学评价进行分析。并叙述卵石画学业评价与卵石画教学评价的具体内容以及分别对应的评价标准等,进一步分析"以评促学、以评促教"在卵石画教育评价中的应用。

## (一)卵石画学业评价

成都东部新区壮溪小学校根据核心素养要求,在卵石画学生学习评价中融合人文素养、艺术素养、科学素养、劳动素养和健康素养,并依据学生各学段的学习与成长特点,将卵石画学业评价的内容与标准分为三个阶段,以期对学生的卵石画学习效果进行综合性、全方位的深度评价。

1.卵石画学业评价内容

依据不同学段学生的成长特点以及认知、知识储备,壮溪小学校将卵石画学业评价内容分为三阶段。其中第一阶段学业评价重点关注学生对卵石画艺术的欣赏与感知能力,第二阶段学业评价侧重于考查学生对卵石画艺术的理解与创作能力,第三阶段学业评价侧重于对学生运用相关艺术技巧进行独立卵石画创作的能力。

(1)第一阶段卵石画学业评价内容。

壮溪小学校卵石画课程基于学生的认知和成长特征、卵石画所蕴含的美术教育特点,以"感受卵石画之美""卵石画与美术主题学习""卵石画跨学科综合实践活动"等三个学习任务为主线,将学业评价内容分为卵石画艺术鉴赏能力测评、卵石画美术素养考查和卵石画跨学科知识评价等三部分。

一是在卵石画艺术鉴赏能力测评方面。重点考查学生对作为卵石画创作原材料的石材在美化生活和艺术创作中的使用价值的理解程度,学生在感受卵石画魅力的同时能够与同伴分享、交流对卵石画的体会,进而形成对卵石画的整体认知。从学生对卵石画创作的好奇度、兴趣度与学习动机等方面进行评价。二是在卵石画美术素养考查方面。通过观赏卵石画作品,学生理解卵石的形状样态与艺术创作的关系,考查学生对美术创作中的色彩、形状、线条等造型元素知识的掌握度,并基于色彩、形状与线条等造型元素知识对卵石画作品进行述评与欣赏的水平。三是在卵石画跨学科知识评价方面。卵石画教育将与语文、数学、音乐、科学、体育以及优秀传统文化进行融合,探究学科融合视域下的问题,以考查学生综合探索与学习迁移的能力。

(2)第二阶段卵石画学业评价内容。

基于第一阶段对学生的卵石画感知与鉴赏能力以及综合探索与知识迁移能力的考查与评价,壮溪小学校在第二阶段的卵石画学业评价内容主要重点为卵石画的历史源起与发展、卵石画艺术设计和卵石画主题创作等三个方面。

一是在卵石画的历史起源与发展方面。学业评价要求学生通过阅读科学、地理学等相关资料,了解卵石的形成与产生过程,并通过实物与人工智能等技术结合的方式,理解艺术美与自然的关系,形成尊重自然、热爱自然以及人与自然和谐相处的意识。二是在卵石画艺术设计方面。学业评价要求学生通过对卵石形状、纹理的观察、总结,对优秀的卵石画作品进行欣赏,考查学生运用美术知识与技巧进行卵石画组合创作的能力,以及向他人介绍卵石画作品设计点和评述艺术作品的表达能力等。三是在卵石画主题创作方面,采用任务驱动的模式,以年级为单位组织学生以小组合作的形式开展卵石画综合实践活动,将传统节日、中华优秀传统文化与卵石画艺术相融合,并结合虚拟现实技术、生成式人工智能等现代技术创作卵石画,考查学生的艺术表现力、批判性思维、沟通与合作技能和文化认同感等。

(3)第三阶段卵石画学业评价内容。

在学生完成第一阶段和第二阶段卵石画学习与评价的基础上,壮溪小学校在第三阶段卵石画学业评价把重点放在对学生的卵石画人文素养、卵石画创意设计能力与技能以及卵石画创作评估方面。具体为学生对卵石画历史了解程度、卵石画情景设计水平以及卵石画创作小组设计水平等三个方面。

一是在卵石画的历史了解程度方面,重点考查学生对我国卵石画的发展历史以及全球范围内卵石画艺术创作历史等知识的掌握情况。包括对卵石画历史发展中的优秀石材类艺术作品进行学习与赏析等,对我国以及世界其他国家运用石材进行艺术创作的相关艺术知识。二是在卵石画情景设计水平方面。在驱动式的学习任务中,学生是否能基于特定的情景或主题,选择恰当的石材及创作工具进行卵石画创作。如通过了解"梅、兰、竹、菊"等在我国文化艺术中的相关知识,理解"梅、兰、竹、菊"在我国传统文化艺术中的含义,并运用于卵石画的情景与主题创作。三是在卵石画创作小组设计水平方面,结合壮溪小学校的校园文化节,以"我和卵石有个约定"为主题,学生综合运用卵石画相关的美学知识与创作、绘画技能以及信息技术运用能力等,以小组为单位进行卵石画毕业设计展示,以对学生学习卵石画的结果进行全方位评价。

2.卵石画学业评价标准构建

基于学生在各学习阶段中呈现的不同特点,并结合三个阶段的学业评价内容,壮溪小学校将卵石画学业评价标准按阶段划分为三阶段。每个阶段的卵石画学业评价标准均包含卵石画审美感知评价、卵石画创作能力评价和综合能力评价等三方面。

(1)第一阶段卵石画学业评价标准。

第一阶段卵石画学业评价标准的指导原则如下:使学生初步认识卵石画艺术,感知卵石画的形状美、色彩美、创意美;通过学习任务,引导学生根据卵石画的特点、结合自己的审美体验对卵石画进行赏析;以小组为单位,实现卵石画艺术与语文、数学、音乐、科学、体育等相融合。在此原则上的学业评价标准如下。

①卵石画审美感知评价:了解石材在美化生活中的应用,具备对常见石材的艺术鉴赏能力;感受卵石画的独特魅力,能够与同伴分享、交流观赏卵石画的心得体会,初步形成对卵石画的整体感知;对卵石画艺术创作具有好奇心与学习兴趣。

②卵石画创作能力评价:理解卵石画中相关美术技法的运用手法,如理解如何运用线条、色彩在卵石画中表达创意;能够根据卵石的不同形状展开想象,以水果、蔬菜、花卉等为主题开展创作;能够运用色彩、形状、线条等元素知识分享、交流自己的作品,并运用色彩搭配、形状、线条等元素知识评述其他卵石画作品。

③综合能力评价:能够积极参与综合实践活动,在活动过程中积极发表意见,主动承担组内任务;能尊重理解他人,懂得欣赏、尊重、友爱、互助等;能够根据要求完成作品并进行展示,同时在展示过程中能综合运用其他学科知识解决问题。

(2)第二阶段卵石画学业评价标准。

第二阶段卵石画学业评价标准的指导原则如下:了解卵石的产生过程,欣赏天地奇石,理解美自天成,形成尊重自然、敬畏自然、热爱自然及人与自然和谐相处的态度;在学习卵石画创作技巧的基础上,围绕指定主题开展创作活动,设计不同作品并进行赏析、评述;以小组合作的方式开展综合实践,与传统节日、优秀传统文化、语文、音乐、体育、信息技术等相结合;以任务为驱动,提高学生团结协作、综合探索与学习迁移的能力。此阶段学业评价标准具体内容分为三点。

①卵石画审美感知评价:能够自主阅读链接材料学习卵石画知识,了解卵石的产

生过程；能够感受天地奇石之美，并与同伴分享、交流自己的感受；能够感悟大自然的神奇、伟大，树立尊重自然、敬畏自然、热爱自然及与自然和谐相处的意识。

②卵石画创作能力评价：能够理解优秀作品需要利用好石材本身的形状、纹理，找到合适的、独特的艺术创作理念与原则；能够根据卵石形状、纹理，展开想象进行设计；能够根据卵石的形状、纹理，进行较复杂的动物、植物、实物、传统艺术（脸谱、国画、剪纸）等主题创作；能够运用多个卵石组合作画，表达主题情境；能够尝试使用其他艺术材料，以辅助结合的方式进行多个主题创作；能够向他人详细完整地介绍自己的作品。

③综合能力评价：能够积极主动地参与综合实践活动，在活动中做到尊重他人、主动担当、积极互助、有效沟通；能够了解和传承中国传统习俗，感受中华文化的底蕴，培养民族自信心、自豪感，坚定民族文化自信；能够运用所学知识选择多种材料，完成作品创作，并进行展示。

(3)第三阶段卵石画学业评价标准。

第三阶段卵石画学业评价标准的指导原则如下：了解卵石画在我国的历史及艺术创作方面的知识；综合运用所学知识，选择不同形状、纹理的卵石综合设计出符合主题要求、意蕴健康的作品；以给学校设计创作一幅情境生动、意蕴健康的卵石作品毕业礼为驱动，提高学生学习迁移的能力，在活动中升华对学校的感情。在此基础上的学业评价标准分为以下三点。

①卵石画审美感知评价：了解卵石画历史和其他国家运用石材进行艺术创作的艺术知识，感受美的多样性、理解美的差异性，感悟世界人民对美的共同追求；能够在感受中外优秀石材类艺术作品美的基础上，与同伴分享、交流自己的感受和审美体会。

②卵石画创作能力评价：创作优秀作品除了要充分发挥材料本身的形状、纹理优势外，还充分利用形式原理赋予作品一定的意境；主动了解国画相关知识，从中汲取艺术养料，丰厚艺术积淀；能够综合运用所学知识介绍自己的作品，包括造型元素、形式原理、设计灵感、意境表达等，提高艺术表现力和综合能力；能够评述他人作品，在评述活动中能倾听他人意见，尊重、理解、欣赏他人作品。

③综合能力评价：能够在活动中感悟、践行壮溪小学校的校园文化理念，体会母校情、师生情、同学情，体悟艺术创作带给我们的美好感受，获得良好的艺术创作体验，增强艺术创作的信心；能够利用信息化工具完成卵石画毕业作品，把设计、选材、创作过程、设计灵感、意蕴表达等步骤制作成微视频。

## (二)卵石画教学评价

依据学生各学段的认知与学习特点,成都东部新区壮溪小学校将卵石画教学评价内容和标准与学生学业评价相耦合,故将卵石画教学评价分为三个阶段,以促进教师成长。

### 1.卵石画教学评价

依据卵石画教学阶段将卵石画教学评价分为三个阶段。其中第一阶段注重卵石画教学中的"幼小衔接",第二阶段关注卵石画审美体验与创作技巧教学,第三阶段重点关注教学中艺术表现力的教学与学生反馈。

(1)第一阶段卵石画教学评价。

本阶段的教学评价重点关注"幼小衔接",主要是对教师在卵石画的教学目标设计、教学内容规划以及课堂教学实践等方面的考量与评价。即教师教学应重点引导学生感知身边的美,并大胆地表达自己的情感、想象,激发学生对表现美、创造美的兴趣,肯定和接纳他们独特的审美感受和表现方式,对学生的欣赏方法和表现方式给予适时、适当的指导。

在教学目标的评价方面,以"初识卵石画"为起点。即教师教学从赏析优秀作品开始,到自主创作,再到引导学生评述自己和同伴作品至结束。整个教学过程侧重于是否实现积极引导学生发现美、欣赏美、创造美的审美感知与情感体验的目标。在教学内容的评价方面,对教师在课堂中制定的教学内容进行评价。以教学内容的多样性为例,如带领学生参观校园,在参观的过程中是否让学生真实地感受到石材在美化校园环境中的作用(校园文化石、各花园中的文化石、景观石、楼道中的卵石画区角等);以教学内容的科学性与适切性为例,如进行主题教学时是否向学生讲授卵石画创作所蕴含的美术知识等。在教学技术应用评价方面,侧重于考查教师在综合实践教学活动中对教学工具使用情况。

(2)第二阶段卵石画教学评价。

处于本学段的学生已接触卵石画两年左右,对卵石画已形成了初步认识,并具备一定的美术素养,同时开始学习信息技术。故此阶段卵石画教学评价内容主要为引导学生围绕特定主题进行创作,并学会利用信息技术完成创作。

在教学目标的评价方面,以"卵石的产生"为起点设定主题教学目标。如教师为学生提供科学、地理等相关知识链接,使学生了解卵石的产生过程,运用多媒体为学生提供丰富的各类型奇石图片,同时现场展示一些奇异的卵石实物,让学生多层次地感受卵石的自然之美、自然之力量。在教学内容的科学性与适切性评价方面,在以主题教学为主的教学模式中,主要进行"卵石画+信息技术"创作的课堂教学,重点评价教师对卵石画艺术表现力与创作力的教学等。在教学技术运用的评价层面,该评价主要用在综合教学实践活动中,重点关注并评价教师将信息技术与主题教学实践融合的科学性与可接受度,如是否在主题教学中恰当地使用生成式人工智能辅助卵石画鉴赏活动等。

(3)第三阶段卵石画教学评价

本阶段的教学对象为5—6年级的学生,他们已具有一定的艺术审美与鉴赏能力。该阶段对教师的卵石画教学评价侧重评价教师教学实践与学生学习成果的关系,以进一步提升卵石画课堂教学质量,落实以评促教,助力教师与学生的共同进步与发展。

在教学目标评价方面,主要考查教师制定的卵石画教学目标是否兼具美术教育的专业性与教学发展的可持续性。即通过该教学目标是否可以使学生在深度了解卵石画历史的基础上,感悟美的多样性与丰富性,促进其可持续发展与自主学习。在教学内容评价方面,重点评价教师进行主题教学时对卵石画的文化内涵、本土文化与艺术创作的耦合度。如教师是否将中华传统文化与卵石画艺术创作相联系。在教学工具运用评价方面,重点评价在卵石画综合实践活动中教师是否帮助学生掌握与艺术创作相关智能技术,是否实现因地制宜、因校制宜地选取适当的教学工具辅助卵石画综合实践活动开展等。

## 2.卵石画教学评价标准构建

依据卵石画教学评价内容,将卵石画教学评价标准按学段分为三个阶段,每个阶段中分别从教学目标制定、教学内容设置和教学工具使用等维度构建标准。

教学目标制定层面的教学评价标准,主要包含两点。(1)教学目标的适切性:是否依据学生的学段特点以及认知特点等制定与设计教学目标;(2)教学目标的完整度:是否将艺术素养、卵石画创作以及学生综合能力等元素包含在内,呈现教学目标的全面性与丰富性。

教学内容设置层面的教学评价标准,主要包含两点。(1)教学内容的全面性:是否在各学段体现卵石画艺术教学与中国传统文化、校本文化以及现代技术的耦合;(2)

教学内容的个性化:是否依据各学段学生的学习水平、认知能力、身体素质以及心理状态选择个性化的教学内容。

教学工具使用层面的教学评价标准,主要包含两点。(1)教学工具的时代性:是否将信息技术或人工智能技术,如虚拟现实技术、生成式人工智能技术等用于课堂教学;(2)教学工具的适切性:在不同的教学场域中,能否运用恰当的教学工具辅助卵石画教学实践的开展。

每个阶段的具体教学评价标准如表4-1所示。

表4-1 卵石画教学评价标准表

| 教学阶段 | 评价指标 |||
|---|---|---|---|
| | 教学目标制定 | 教学内容设置 | 教学工具使用 |
| 第一阶段(1—2年级) | ①能够根据幼小衔接阶段学生特点,开展卵石画审美体验活动课;②能够鼓励学生积极、自信地对卵石画进行鉴赏,并勇于表达;③能够激发学生对卵石画创作的好奇心与兴趣。 | ①让学生理解卵石画所蕴含的审美素养;②能够根据卵石的不同形状,鼓励学生进行想象与创作;③能够向学生展示优秀卵石画作品,分析色彩、搭配、形状、线条等造型元素,让学生初步了解卵石画绘画的专业知识。 | ①能够就地取材,选择合适的工具进行教学实践;②能够运用信息技术让学生欣赏各种形式的卵石画作品;③能够将人工智能技术用于卵石画综合教学实践,助力学生更直观、深刻地体会卵石画之美。 |
| 第二阶段(3—4年级) | ①能够引导学生利用基础的卵石画知识进行独立创作;②能够掌握卵石画创作技巧与绘画理念,并实践;③能够运用信息技术等方式,进行卵石画作品赏析。并在此基础上培养学生的艺术语言表现力等。 | ①能够开展优秀卵石画案例赏析和作品自述,在赏析中让学生加深对卵石画创作的理解;②能够开展卵石画教学,让学生依据卵石的形状、纹理等开展卵石画主题创作;③能够进行卵石画主题教学,即融合其他艺术形式以及中华优秀传统文化等,让学生开展多种类型的卵石画创作。 | ①能够在综合实践活动中恰当使用辅助工具对学生的活动情况及时进行记录与反馈;②能够在课堂教学实践过程中选取恰当的教学工具以及相应技术设备辅助教学实践;③能够在课堂教学以及综合实践活动教学环节中,利用适当的教学工具提高学生课堂以及活动参与感。 |

续表

| 教学阶段 | 评价指标 |||
|---|---|---|---|
| | 教学目标制定 | 教学内容设置 | 教学工具使用 |
| 第三阶段(5—6年级) | ①卵石画课程教学与综合教学活动的设计旨在促进学生自主学习卵石画,并提升兴趣;<br>②在主题教学中将中国传统文化与卵石画的有机结合;<br>③在教学过程中与信息技术进一步融合。 | ①能够开展与中国传统艺术与绘画等相关的主题教学;<br>②能够开展将中国传统艺术表现方式融入卵石画创作的课堂教学;<br>③在传承中国传统艺术同时,能够将卵石画创作意蕴有机融入。 | ①能够在活动中传递壮溪小学校的校园文化理念,促进学生的持续成长与发展;<br>②能够综合运用各种创作工具以及智能设备,指导学生完成卵石画毕业设计作品;<br>③能够利用信息化手段,进行卵石画毕业设计实践活动记录与分享。 |

# 第五章

# 生成性案例——展示卵石画

　　成都东部新区壮溪小学校位于风景优美的沱江河畔,最早于1911年在壮溪口唐家河沟办学,后于1947年春季迁到壮溪下街。1949年后,先后以壮溪公社中心校、壮溪乡中心校、壮溪乡中心小学等校名办学。2020年5月,从简阳市划入成都东部新区,并于2021年5月更名为成都东部新区壮溪小学校。学校以"向上向善、萃而后升"为校训,以"壮志凌云、溪汇成海"为学校精神,使"生命教育、生长文化"贯穿于学校师生日常生活的点点滴滴,先后获得"成都市新优质学校""成都市阳光体育示范校""青少年人工教育示范基地""四川省绿色学校""四川省少儿春晚优秀节目选送单位"等荣誉。自2019年,学校以卵石画为特色校本课程,面向学校小学3—6年级学生,每周开设一次卵石画教学活动。本章我们遴选学生在学习中的部分作品予以展示。

# 第一节 动物类作品赏析

1. 虎虎生威

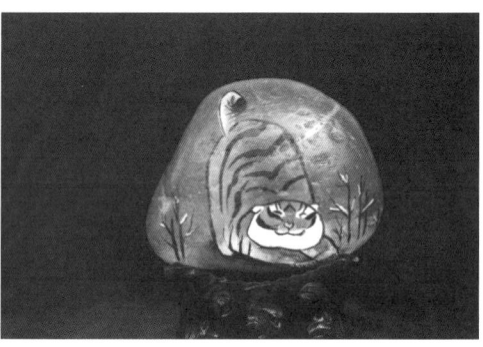

（创作者：刘馨怡）

在以上作品中,作者借助卵石上小下大胜似山峰的特点,构思了苏醒后的老虎下山和途中休息的场景,构图完整、匀称。以黑、白、黄色为主色调,圆润的体型又增添可爱之感,老虎前额的黑纹神似汉字中的"王"字,因此它被誉为"山中之王"或"兽中之王"。

2. 化茧成蝶

（创作者：杨巧月　蒋妙弋）

在以上作品中,作者借助卵石左右两侧突出的部分与蝴蝶的翅膀,构思了大自然中最娇艳的生灵——蝴蝶。用蓝色、粉红色和黄色等明亮的色彩描绘其华美、蹁跹的身姿,给观看者以"会飞的花朵"之美感。

3.呦呦鹿鸣

(创作者:杨洁)

该作品的创作者借用卵石前凸后翘、前宽后窄的特点,想象一只白鹿在浅草地上悠然信步的画面,并描绘在卵石上。白鹿昂首阔步、神情自若,白白胖胖的身子点缀些许明亮的色彩,清新淡雅惹人喜爱。作品体现了白鹿的淡定从容,该神态也让人不禁吟咏起李白的"旷然小宇宙,弃世何悠哉。清晓骑白鹿,直上天门山"。

4.鱼跃龙门

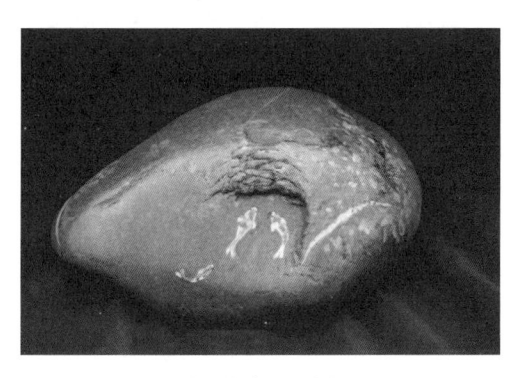

(创作者:郑维)

此石乃奇石也,卵石突起的部分为龙门,创作者先把绿色作为主色调勾画其形,既体现龙门的形态,又似青苔装点鱼缸;再画出栩栩如生的金鱼:头部、眼睛和鱼鳞。金鱼体态清晰可见,神似天然鱼缸!

### 5.玉兔素心

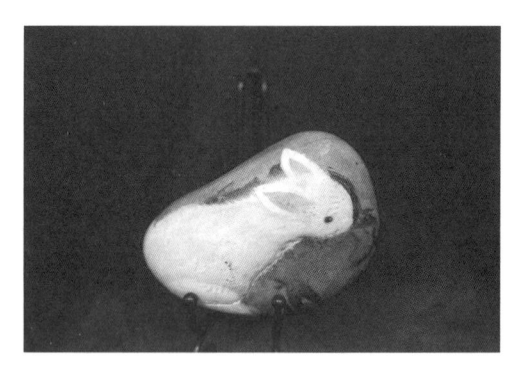

（创作者：鲁湘悦）

创作者借助卵石一端圆滑的特点，构思出一只蹲在地上、头微微斜歪似若有所思的可爱小白兔。该作品以冷色调的颜色为主色彩，体现清新、淡雅与素净之美。作品中白兔容颜的纯洁无邪，如同广寒宫里坚守着美好生活良愿的玉兔。

### 6.大鸭头

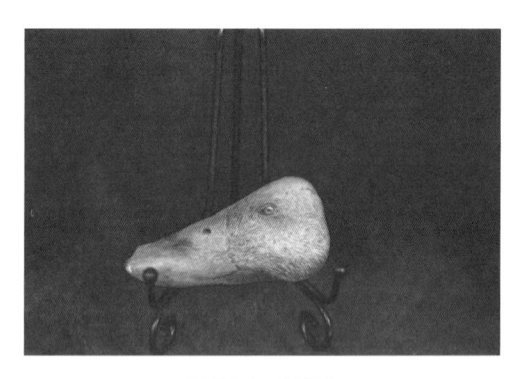

（创作者：付倩）

卵石前扁后宽形似鸭头，石头上的细纹酷似鸭子头上的绒毛。经创作者用极简的彩绘，改造后一个大鸭头横空出世：黄扁嘴、小鼻孔、晶莹剔透的眼睛，留给欣赏者无限空间去想象鸭身鸭脚样态。

7.龟年鹤寿

(创作者:郑维)

富如仙鹤延百岁,福似神龟寿千年。一块较扁平的卵石做龟背,再粘上四块作为脚的小石头和一块形似乌龟脑袋的石头,神龟雏形初显。背面是以青褐色为主调的中央甲板、侧板等部位,再处理好脚和头,一只精神抖擞地前去祝寿的神龟便跃然而生。

8.猴头猴脑

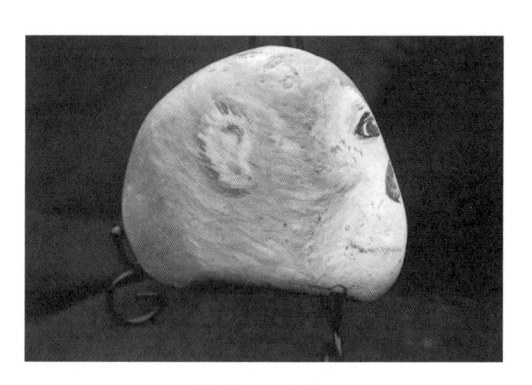

(创作者:郑维)

一块卵石,形似猴子侧脸,其"面部"线条流畅。经创作者雕琢,头发部分以暖色调的黄色为主色,圆鼓鼓的大眼睛正目不转睛地盯着远方。

### 9.得胜的猫儿欢似虎

(创作者:李雨琪)

创作者利用该鸡蛋形外观的卵石创作出一只小花猫:蓝色小花点缀着青绿的草地,环境优美,一只洁白的小猫四脚离地并扭动着长长的尾巴。

### 10.一石二鸟

(创作者:蒋妙弋)

卵石下方四分之一处的白色条纹形似小鸟休憩时的树枝,画上两只蓝色小鸟,脖子下稍加一些偏暖色调的黄色。整体色彩柔和,很好地融入天然石头的色调中,左边的小鸟正专注地注视前方,右边的同伴扭头也凝视着同一方向。

11.随机应变

（创作者：付倩）

这个椭圆形的石头恰似一只变色龙的栖息地，变色龙顺着石头贴着身子，睁一眼闭一眼，身上的色彩非常鲜艳。在此刻安静幽美的环境下，变色龙尽情展示光鲜亮丽的外衣而不用刻意隐藏自己，呈现出它生活的惬意。

12.横行霸道

（创作者：付倩）

这块扁扁的石头浑身光滑，一只强壮的螃蟹牢牢地抱住它。这只螃蟹浑身通红，一对强壮的大螯护其安全，另外四对足关节清晰可见，同样强壮有力。背部坚硬的甲壳又是它的保护伞，一对眼睛正监视着周围环境的状况。这是一只生命力旺盛的"铠甲战士"。

### 13.任重道远

（创作者：付倩）

形似驼峰的石头还有天然的白色条纹,让人联想到沙漠里的驼道,几只骆驼在主人的带领下穿行在茫茫沙漠里。作品整体以黄色为主色调,画中的主人一袭蓝色长衣给这广袤无垠的沙漠增添了一抹别样的色彩。

### 14.闲云野鹤

（创作者：严欣）

石头上凹凸的白色条纹似天空中的一道道云彩,在黄色的浅滩里有一对神态各异的仙鹤(丹顶鹤),头顶一抹鲜红,错落有致的黑白配,颜色靓丽显眼。作品不仅仅外表美丽,还能让人感受到鹤的闲适安逸,给人们长寿富贵的美好祝愿。

### 15.喘月吴牛

(创作者:严欣)

把石头上面凹凸有致的部分,想象成一头蜷缩在地上的牛,牛身以深色棕色系为主,头部色彩明丽,以土黄色为主,几处给人清爽感的白色未能挽救眼神无力让人体会到它的无奈。

### 16.蜂巢蚁穴

(创作者:鲁湘悦)

一块圆形米黄色的石头上分布着许多小凹点,让人想到蜂巢。如果蜂巢比较潮湿又容易滋生蚂蚁,作品中正有几只黑得发亮肥硕的蚂蚁正穿梭于蜂巢中。

## 17.为母则刚

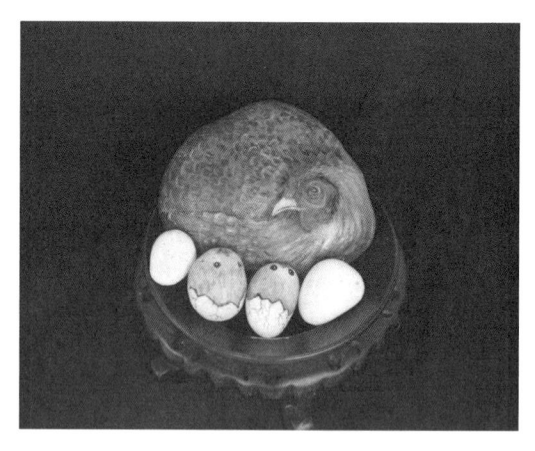

（创作者：郑维）

宋代诗人赵佶云"秋劲拒霜盛,峨冠锦羽鸡;已知全五德,安逸胜凫鹥"。纵观全石,前面小、中间高、后面稍矮,其形如一只正在孵化幼崽的母鸡。在它旁边有4个形如鸡蛋的小石头。于是一只土黄色为主、间杂黑色羽毛的母鸡便呈现在我们眼前,只见它回眸正瞅自己身旁的孩子,中间已破壳的两只小鸡即将迎来新生。

## 第二节 植物类作品赏析

1. 傲骨红梅

（创作者：严欣）

红梅枝顺着石头纹路生长，在贫瘠的、凹凸不平的岩石上开出了朵朵怒放的花朵，还有的蓄势待发即将绽放生命的色彩。栩栩如生的画面让人不禁想要凑近嗅闻红梅的香味，古人云："不经一番寒彻骨，怎得梅花扑鼻香。"

2. 出水芙蓉

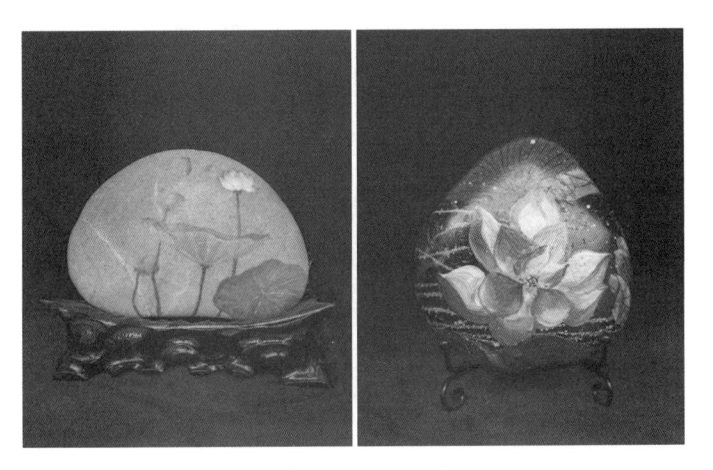

（创作者：郑维 严欣）

这块石头上小下大，形似"才露尖尖角"的"小荷"，其中也确实画着荷花、荷叶与莲藕。画面中灰白的纹路，好似夏末的荷叶枯枝，与盛开的荷花形成鲜明对比，让人更加感叹荷花的清丽。

### 3.野菊花

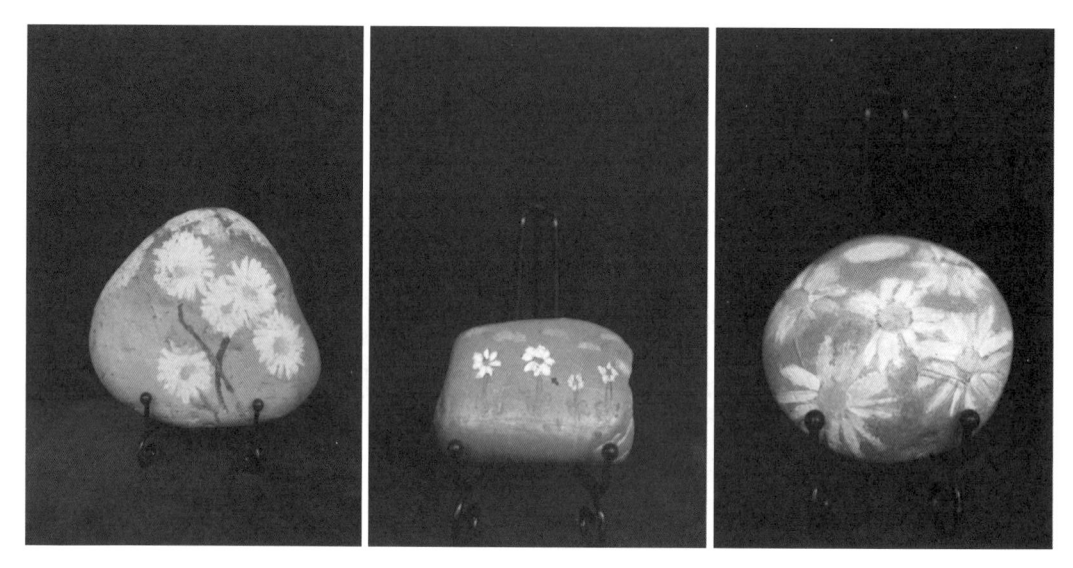

（创作者：李雨琪）

纯白的秋日菊花或许会让人感到一丝单调,但盛放在蓝天背景下,却让人感到无比的和谐美好。作品中的它们似乎不断向上生长,舒展自己的姿态,为着去够到更高的天空。

### 4.蒲公英

（创作者：温永卉）

历来被人们视为自由自在飞翔的蒲公英,在这里却有着各式各样、颜色各异的同伴。它们既向往着自由地飞翔,也看中朋友的陪伴,因此构成了一幅花团锦簇的美景。

5.擎天柱

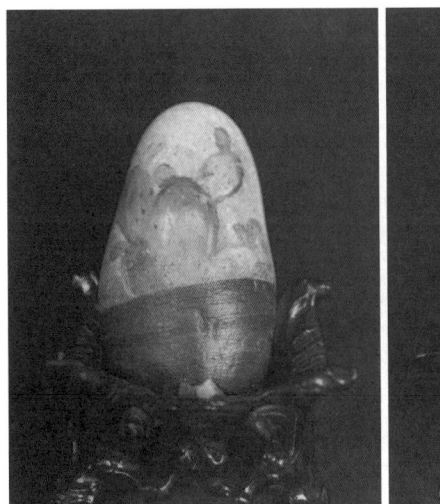

(创作者:蒋妙弋)

巧妙地将石头的下半部分当作花盆底,让仙人掌能在上方肆意生长,长成了擎天柱。拥有"沙漠之花"美称的仙人掌,也在岩石土块上展现了它的生命力。

6.梨花泪

(创作者:付倩)

纯白的梨花,虽落在了黄土地上,但也成为最美的"梨花泪"。梨花树下看见这一幕的人们不禁哼着歌谣"摇摇洁白的树枝。花雨漫天飞扬,落在妈妈头上,飘在纺车上。给我幸福的故乡,永生难忘,永生永世我不能忘。重返了故乡,梨花又开放"。

7.兰花草

(创作者:郑维)

作品展现了兰花草在如此坚硬贫瘠的石块上肆意地生长,开出了美丽的兰花。七八片修长的叶子青翠欲滴,几束蝶形红花争奇斗艳。

8.时令蔬之大白菜

(创作者:杨巧月)

整个石头外形类似大白菜,在不破坏石头外形的情况下,搭配简单的白色与绿色,使得"白菜"有着时令蔬菜的新鲜脆嫩,令人口舌生津,想要一品其中滋味。

9.蔓延的爱

(创作者:蒋妙弋)

创作者利用青石球形且光滑的外形,创作出生命力旺盛的、在阳光与微风中尽情摇曳轻盈身姿的、各色的小雏菊。小巧玲珑的各色花朵与碧绿的枝叶挨挨挤挤,在小青石的怀里愈发显得可爱。

## 第三节 人物类作品赏析

1. 姜太公钓鱼

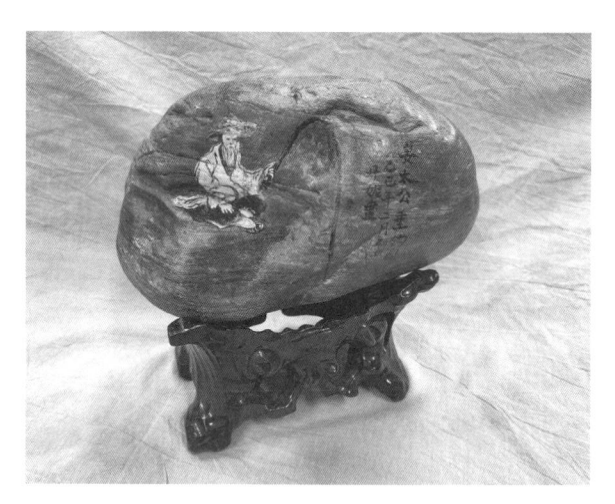

（创作者：施丹妮）

"姜太公钓鱼""意静待机遇,卵石象征积淀与智慧。二者结合体现了以静制动、厚积薄发的处世哲学。通过沉稳积累把握时机,如同智者垂钓渭水,静候天时地利之合。

2. 月夜劳作图

（创作者：曾雯雪）

一块比较圆的石头四周涂上鲜艳的橘黄色,下部分的中间涂上白色代表圆月亮的光芒,一对勤劳的夫妻借着明亮的月光正在地里劳作。他们每人手里提着壶,在忙着给庄稼浇水施肥。与他们做伴的还有几只晚上才出来活动的蝙蝠,几棵高大的树丫从左右伸向中间,整个画面内容丰富而不显得拥挤。

3. 攀岩

(创作者:郑维)

一块近似长方形石头左上角有凹凸不平的断裂痕迹,如山体陡壁,一根攀岩绳子从石头顶部垂落,一个身着绿色无袖上衣、黑色下装的男青年左脚正上踩一步,右手向上攀岩。作品刻画了一个勇于攀登的青年形象,传递着勇于承受生活的磨难、勇于面对困难的品质。

4. 白头偕老

(创作者:郑维)

一块天然为浅黄色且右边有一条从下往上的较宽的白色纹路的石头,这条白色纹路犹如向前延伸的路,一位身着蓝色衣服的满头白发的老爷爷和他的爱人一起手挽手散步,此作品大面积保留了石头原样,看上去朴实无华但给人温馨感。

　　5.古典美

（创作者：鲁湘悦　李雨琪）

　　一块表面光滑且带着浅棕色纹路的长方形青石头犹如一枚印章,一个东方古典美少女背靠石头。她神态自若,一头青丝高高梳起两个羊角,前额发丝稍加点缀,圆圆的白里透红的脸蛋显得格外嫩气,眉心上画着唐代美女爱用的梅花印,与红眼影红唇色彩统一。身着绿色带黄色大圆点的长裙,外披红、黄双色大圆点,整个人体现了唐代以胖为美的少女形象。

　　6.学无止境

（创作者：李秋雨）

整个石头犹如紧握拳头的右手在给人鼓劲加油,掌形石头上是一个身着运动装的少年,黑黑的头发,两只眼睛扑闪扑闪的惹人喜爱。两腮粉红粉红的显得他乖巧可爱,嘴角微微上扬含笑不语。

7.锦绣缤纷

（创作者：尹诺汐）

一块光滑的石头小巧可爱,一个身着蓝色舞裙的少女双手合于头顶。她舞姿柔美,头发盘成发髻。转动撒开着的圆圆的裙摆,此时犹如蓝色星空洒满了白色小星星。此作品灵动而静美并存,给人视觉享受。

## 第四节 创意类作品赏析

1.流云伴月

（创作者：张婷玉）

流云伴月秋深处,清风细语相伴来。碧水涟漪小舟闲,恰似九州山水间。创作者巧用该石头天然底色和形状,用墨绿色和橘红色两种主色描绘出一幅流云伴月的夜色美景。

2.晚安

（创作者：蒋妙弋）

这是一块似小山庄的石头。创作者充分利用这个特点,把圆月、茅屋和象征生命之美、纯真、快乐、精神实质之美的樱花结合起来表达自己对未来生活的向往。用不同色彩描绘出一幅晚安画:圆月西挂远山青,春天已近浅暖时。窃喜寒冬渐远离,樱花飘进梦里香。

### 3.只此青绿

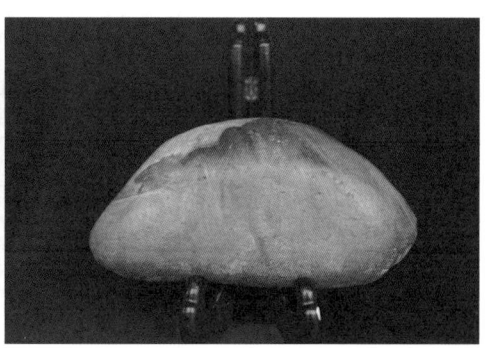

(创作者:曾语菲 李如意 李秋语)

创作者利用石头天然缓坡的形状,通过浓绿、苍翠等色彩搭配,画出一棵棵枝繁叶茂、葱茏劲秀的古树。这些古树昂首云天、巍峨挺拔、树冠相叠、枝柯交错、浓绿如云,给整个山岗描上一层神秘深幽、如梦如幻的色彩。放眼望去,四周山色连天,苍翠入眼。这一株株千年古树是真实而又亲切的,那茂盛的风采给了欣赏者诗意的遐思。

### 4.碧水青山

(创作者:严欣)

石头自然断裂,经过打磨,层层山峰间一条奔腾的河流,在被山峰阻挡处,一位身着白衣的诗人坐在山峰上面对滚滚江水。此情此景,正是"天门中断楚江开,碧水东流至此回。两岸青山相对出,孤帆一片日边来。"

## 5.仙居

(创作者:郑维)

"勾勒秀峰悬崖挂,静听瀑布碧涛声。"创作者借用该石头挺拔、凹凸有致的造型,用黑色画出居所和石阶,白色画出瀑布,青绿色勾画出俊秀的奇峰。

## 6.映月

(创作者:郑维)

月似弯弓船如箭,乘风破浪无水间。全神贯注掌稳舵,甜言蜜语说不尽。创作者利用石头上原有的月牙,画出小船与其相互映衬。此作品展示出一叶扁舟停在湖面上,随着水流而移动,两人坐在小船中,水如同翡翠一般。山在缥缈的云雾中若隐若现,这人、这船、这月,仿佛都在这幅山水图画中游玩。

## 7.坎坷人生路

(创作者:郑维)

路,不通时,选择拐弯;心,不快时,选择看淡。坎坎坷坷人生路,坦坦然然随缘行。如果想要更快跨过人生的坎坷,那么就放平自我的心态吧,人生的际遇并不是能预料到的。作品刻画了因为有梦想,才能经历坎坷、依然前行、信心不改的精气神。

## 8.虾悦

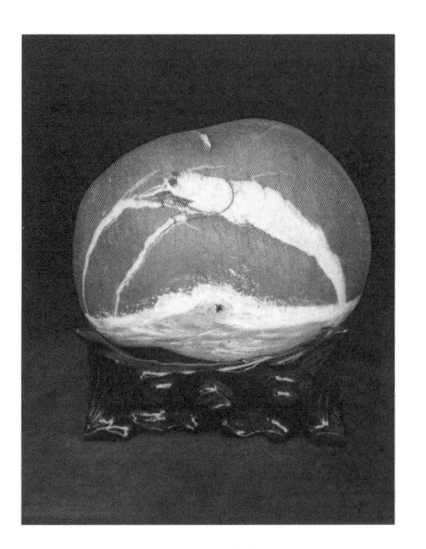

(创作者:郑维)

创作者利用该石头本身具有的形状纹理,进行艺术构思,通过精巧设计和绘画,给予石头新的生命。用白色颜料寥寥几笔勾勒出一只虾,再用蓝色和白色画出海水和海浪,让一个普通平常的石头顿时"鲜活起来"。

9.斑驳琉璃

（创作者：杨巧月 黄欣怡）

两块不同方式对称的石头，创作者用多种色彩勾画出不同形状的对称图，给人以光影斑驳、琉璃色彩的美感：仿佛有着山的雄奇、水的空灵、云的变幻、风的色彩，这些让一颗浸染尘俗的心，也在刹那间过滤得干干净净。

## 第五节 卵石组合类作品赏析

1.相亲相爱一家人

（创作者：郑维）

在色彩斑斓的大千世界里，白色和灰色似乎并不引人注目。然而，这两种颜色在此处的石头拼图中却不可或缺：白色，如同纯洁无瑕的雪花，给人一种清透、静谧的美感；灰色，则是一种沉稳的中性色。在石头拼图中，灰色是不可或缺的"中间人"，它平衡了过于鲜明的色彩，与其他色彩相互映衬，使整个作品更加协调、柔和，构成了一幅完整的画面。这就是整个作品的魅力所在，"相亲相爱一家人"的感觉油然而生。

2.五彩斑斓

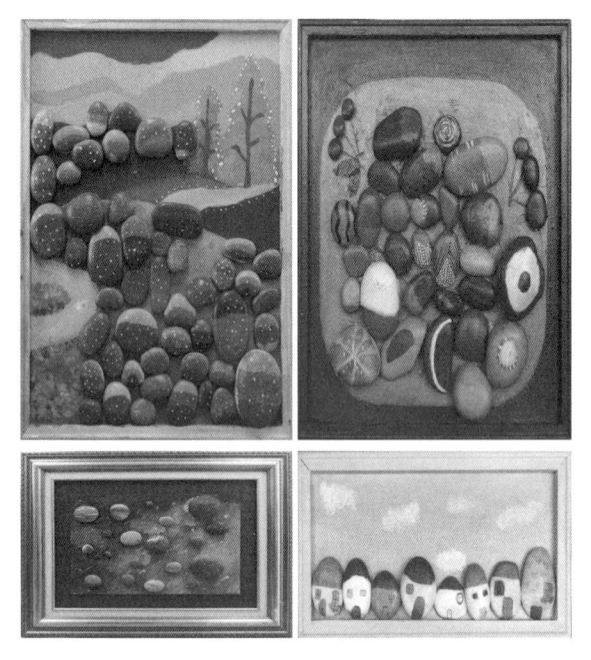

（创作者：庄宇升 胡天瑞 杨雨洁 叶钰婷 黄欣怡 曾筱艾 张娅）

暖色系是指以棕色、橙色、黄色等暖色为主调的色彩组合，让人感受到一种安宁、放松，并获得一种舒心的感觉。一组由暖色系涂画后的石头组合成的拼图：浩瀚的宇宙、五彩斑斓的瓜果蔬菜、五彩缤纷的风景、不同时间不同地点的各种房屋。生活需要过得多姿多彩，作品用色彩表达对美好生活的向往。

3.小蝌蚪历险记

（创作者：蒋妙弋 杨巧月 刘馨怡）

在一个美丽的池塘里,有一组奇特的石头拼图,是许多不同形状和颜色的石头组成的。它们形成了一幅生动的画面,仿佛讲述着"小蝌蚪找妈妈"的童话故事。

4. 福泽神龟

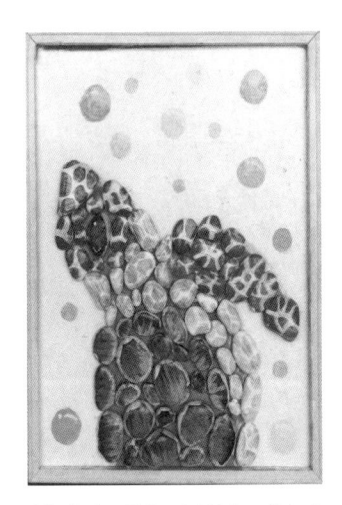

(创作者:马柯 马婉如 黄钰)

各种大小不一的石头,经创作者选用后,深浅不一的棕色和白色作为作品主色。创作者精心彩绘,细心粘贴在白底相框里,如一只鼓着大眼睛的千年神龟似乎已积蓄好力量要一跃而起。

5. 年丰岁稔

(创作者:陈怡然 曾雯雪 蒋世鑫)

秋天,这个丰收的季节,给人们带来了无尽的喜悦和满足。在这个季节里,大地像一位慷慨的母亲,敞开了怀抱,为辛勤耕耘的人们献上了丰富的回报。创作者借用石头展示了一幅寓意生活的画面,它既包含了辛勤劳作的果实,也包含了人们丰收的喜悦。在这个丰收的季节里,人们感受到了生活的美好和丰富,也感受到了自己的价值和意义。

6.童话城堡

(创作者:钟豪毅 付洲)

童话般的城堡,带着五颜六色的气球,美丽绝伦。画中的每一块砖石都是一种颜色,从明亮的黄色到深沉的紫色,无处不散发着魔法的气息。这座城堡,就是梦开始的地方,也是孩子们心中的乐园。在这里,他们可以放飞梦想,探索未知,飞向那充满奇妙与可能的梦的世界。

7.静享瓜果飘香

(创作者:温永卉)

在宁静的田园里,两块石头绘图静静地躺在绿色的草地上,犹如一幅描绘自然之美的画卷,石头、葡萄、狐狸和田园构成了一幅和谐的图画。在这里,你可以感受到大自然的魔力,它可以孕育出甜美的果实,也可以给人们带来无尽的宁静和安详。

8.海舟情怀

(创作者:郑维)

大自然是一本精彩的书,而山峦和海洋是其中美丽的篇章。浩瀚无垠的蓝色大海里,白浪翻滚,一艘白色帆船乘风破浪、扬帆奋进,浅黄色的海滩上零落地散着点点白色的奇形怪状的贝壳。远处的天空很柔美,白云慢悠悠地游走,还有些彩云作伴。

9.成都成就梦想

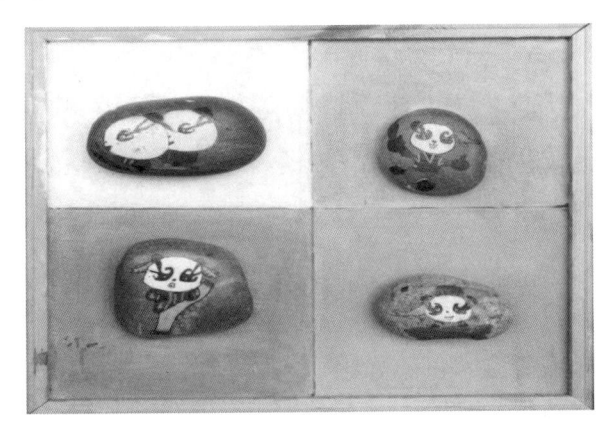

(创作者:廖扬 蒋妙弋 马婉如 曾宇晗)

创作者利用不同形状的石头创作出传递大运火炬和做着各种体育项目动作的大熊猫,完美地诠释了2023年在成都举办的以"成就梦想"为主题的第31届世界大学生夏季运动会。

10. 黑白配

(创作者:邓佳怡 叶雨涵 陈瑞雪 蒋诗语 魏雨柔)

黑白组合的石头画图案,具有简约而令人震撼的艺术表现力。黑、白,是生命中最绚烂的颜色,是中国最经典的色彩,富含了智慧。这不仅是一种艺术的表达形式,更多的是彰显黑白色彩背后,中国传统的道法自然的哲学思想。

11. 喜羊羊

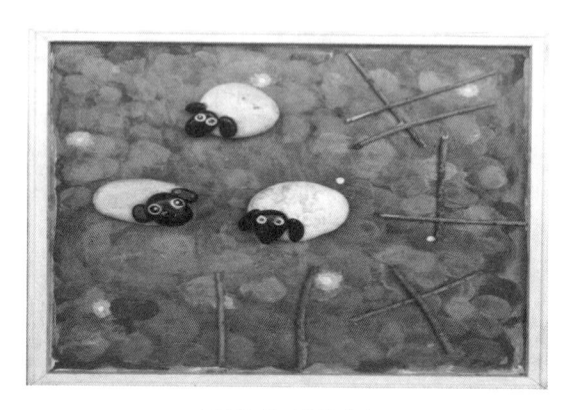

(创作者:温永卉)

青青草原上盛开着五颜六色的鲜花,草地上无序摆放的一些树枝用来给这几只小羊划定界限。它们翘起乌黑的脑袋,把白胖胖的身子软软地贴于地面,享受着大自然的美好。

12. 一帆风顺

（创作者：蒋世鑫 严欣 曾雯雪）

很多细小的白石头拼出江河大海，一艘蓝帆红船在起伏的波浪里前行，帆船与青色的航道特别醒目，寓意"一帆风顺"。

13. 月亮之上

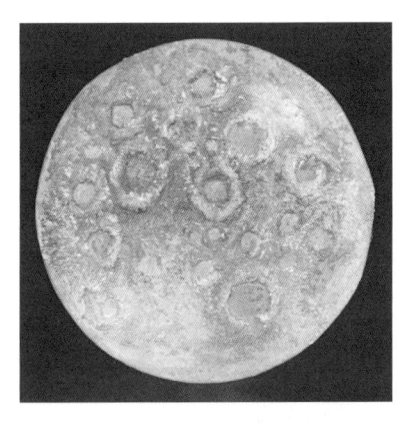

（创作者：郑维）

一个圆圆的石头，经过岁月的洗礼，表面早已凹凸不平，大大小小的坑坑洼洼错落地分布在表面。创作者以灰色系为主体色彩，于卵石上描绘出一幅完美的"月海"景象。

# 第六节　风景类作品赏析

1.草原风情

通过在鹅卵石表面上绘制草原风光,既保留了石头的天然质感,又赋予其生动的艺术表现力。利用鹅卵石的天然形态模拟草原地貌中的山丘、云朵或动物轮廓,其高饱和度的色彩生动表现草原的蓝天、绿草与阳光的明暗对比。

（创作者：施丹妮）

2.海边风光

（创作者：施丹妮）

在卵石上绘制岸边的木屋与海中的帆船等景物。通过具有斜度的屋顶建筑风格与房屋颜色,呈现地域特色。鹅卵石的弧面与光滑质感可模拟海浪的流动感,让卵石成为承载海洋记忆的独特艺术品。

### 3.山水自然

（创作者：施丹妮）

将"山青、水秀、石美"的自然意象浓缩于方寸之间，通过丙烯的透明叠色表现江水的清澈质感。"圆和平滑"的卵石基底，则为绘制秀美的山峰提供了理想载体。

### 4.青山远黛

（创作者：施丹妮）

将中国传统山水画意境与天然卵石材质结合的创新艺术形式。其以鹅卵石为载体，运用丙烯颜料模仿水墨渲染技法，既保留了石头的自然肌理，又赋予其东方美学的诗意与哲思。

# 第七节 传统文化类作品赏析

1. 国粹之变脸

（创作者：蒋妙弋 黄欣怡）

国粹变脸是一种古老而精妙的艺术形式，它融合了音乐、舞蹈、戏剧、美术等多种元素，以强烈的视觉冲击力和感染力，将观众带入一个变幻莫测的艺术世界。在变脸中，白脸、黑脸和红脸是三种最常见的脸谱，它们象征着不同的人物性格和情感。国粹变脸不仅是一种表演艺术，更是一种传统文化。它凝聚了中华民族的文化精粹，承载着中华民族深厚的文化和艺术底蕴。我们应该珍惜并传承这份独特的文化遗产，让它在现代社会中绽放出更加璀璨的光彩。

2. 粽香满堂飘

（创作者：鲁湘悦）

端午时节,家家户户飘出浓郁的粽香,满堂盈溢,仿佛一幅生动的画卷,描绘出生活的温馨与欢乐。

3. 人圆月更圆

(创作者:鲁湘悦)

创作者通过精心挑选、创作,绘制出精美、逼真的月饼图案。该作品仿佛让人品尝到香甜月饼的同时,深刻联想到人圆月更圆。

4. 二十四节气

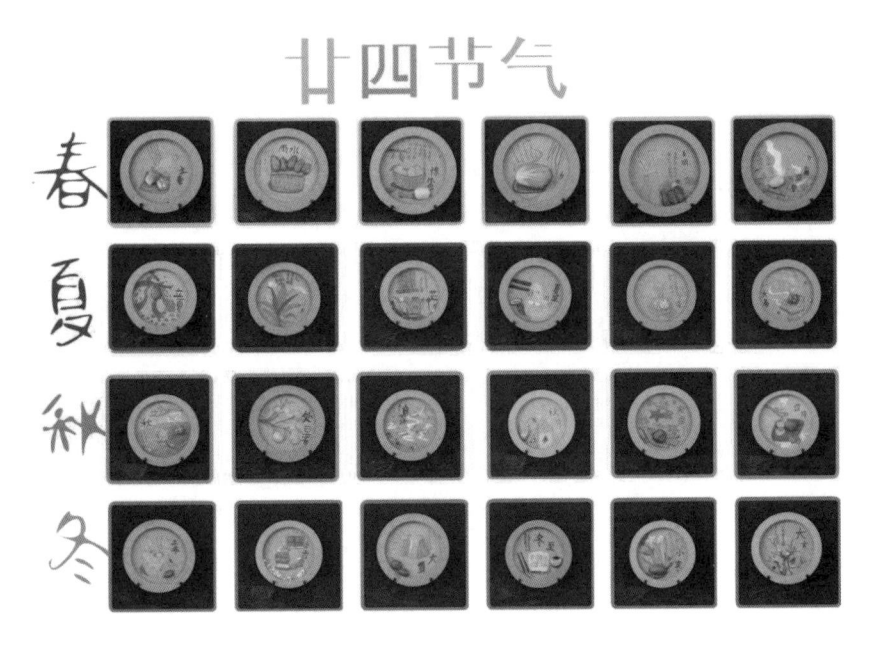

(创作者:严欣 温永卉 曾雯雪)

每一幅卵石画中的节气,都仿佛是一首诗,一幅流动的画。他们在时间的流转中静静诉说,讲述着四季的更迭、大地的故事和人们的生活。

# 参考文献

[1]格特·比斯塔.测量时代的好教育:伦理、政治和民主的维度[M].张立平,韩亚菲译.北京:北京师范大学出版社,2019.

[2]李森.现代教学论[M].人民教育出版社,2011.

[3]李宗乐,陈实,邱兴.美术校本课程的开发与实施[M].北京:高等教育出版社,2008.

[4]林崇德.21世纪学生发展核心素养研究[M].北京:北京师范大学出版社,2016.

[5]全国十二所重点师范大学联合编写.课程论[M].北京:教育科学出版社,2007.

[6]徐昌和.中美学校评价比较研究组织、标准与实施[M].上海:上海交通大学出版社,2016.

[7]阿卜杜凯尤木·麦麦提,钱初熹."一带一路"背景下中华优秀传统文化与新疆中小学美术课程教学融合路径研究[J].课程·教材·教法,2019,39(1):106-111.

[8]白倩,侯家英,李艺.支持个性化发展的学习者评价之哲理溯源——基于胡塞尔现象学的分析[J].华东师范大学学报(教育科学版),2023,41(11):97-107.

[9]蔡敏.论教育评价的主体多元化[J].教育研究与实验,2003(1):21-25.

[10]曹晖,谷鹏飞.视觉艺术美学风格的形成及其范式转换探因[J].学习与探索,2006(4):78-81.

[11]曾繁仁,王力申.儿童艺术教育与创造力培养——罗恩菲德儿童艺术教育思想初论[J].首都师范大学学报(社会科学版),2023,(4):56-64.

[12]陈建华.中小学工艺美术类校本课程资源开发的误区与对策[J].课程·教材·教法,2015,35(6):92-97.

[13]陈鹏.职业启蒙教育:开启职业生涯的祛昧之旅[J].教育发展研究,2018,38(19):21-27.

[14]陈向东,许山杉,王青等.从课堂到草坪——校园学习空间连续体的建构[J].中国电化教育,2010(11):1-6

[15]陈艳.农村中学石头画教学研究[J].美术教育研究,2012(14):135.

[16]陈正华,康丽颖,杨彩霞.校外教育与学校教育资源共享与互补机制研究——来自北京、昆明与满洲里三城市的深度访谈报告[J].首都师范大学学报(社会科学版),2010(4):99-105.

[17]崔登乾.两试结合 评价多元——期末测试改革的初步尝试[J].教学与管理,2012(13):83-84.

[18]杜卫.论审美素养及其培养[J].教育研究,2014,35(11):24-31.

[19]杜许灿.中小学美术学科深度学习"三样态"与推进路径[J].教育理论与实践,2022,42(14):60-63.

[20]高文.教学过程最优化原理及其基本方法体系和实施程序(巴班斯基教学论思想述评之二)[J].外国教育资料,1983(2):24-35.

[21]郭要红.有效作业的内涵与设计策略[J].中国教育学刊,2009(6):62-64.

[22]胡剑辉.优秀传统文化的形象美与地方中小学美术课程的重新构建[J].教育科学,2015,31(6):60-63.

[23]季茜,万敏.国内外卵石艺术及其特征解析[J].艺术与设计(理论),2016,2(12):136-138.

[24]季茜,万敏.乡土卵石作景观与艺术[J].艺术与设计(理论),2017,2(1):75-77.

[25]贾嵘.由"术"到"人":基于项目化学习的育人模式构建[J].中小学管理,2023,(5):5-9.

[26]姜慧.多彩鹅卵石[J].科学大众(科学教育),2017(9):68+74.

[27]金玉梅,靳玉乐.论教学观的后现代转换[J].课程·教材·教法,2006,26(3):23-26.

[28]赖静,曾文婕.我们需要怎样的学生自评——基于国外学生自评类型研究的整体性范式建构[J].外国教育研究,2019,46(11):114-128.

[29]李臣之.校本课程开发的三个基本问题[J].课程·教材·教法,2012,32(5):8-14.

[30]李海峰,王炜.生成式人工智能时代的学生作业设计与评价[J].开放教育研究,2023,29(3):31-39.

[31]李茂荣,黄健.工作场所学习概念的反思与再构:基于实践的取向[J].开放教育研究,2013,19(2):19-28.

[32]李素敏,张思远.我国"五育"思想的历史脉络、基本特征与未来展望[J].北京教育学院学报,2023,37(5):37-43.

[33]李永贞.地方戏曲艺术在中小学艺术课堂教学中的融入[J].中国教育学刊,2023(S1):124-125.

[34]李有华.网络课堂中同伴评价的研究[J].中小学信息技术教育,2005(2):49-51.

[35]李云贵.小学生综合素质评价指标体系的校本化构建与实施[J].人民教育,2023(12):71-72.

[36]李志河,师芳.非正式学习环境下的场馆学习环境设计与构建[J].远程教育杂志,2016,34(6):95-102

[37]梁丽华.中学美术校本课程资源开发和利用案例 卵石画的设计与制作[J].中国美术教育,2007(4):49-50.

[38]廖凤琳,王凤."五育"融合视域下小学体育教学的价值意蕴与创新策略[J].教育科学论坛,2023(33):72-74.

[39]刘丽群,周先利.校本课程深层开发:何以可能[J].湖南师范大学教育科学学报,2020,19(6):92-98.

[40]刘强,王连龙,杨杰.教室教学环境的构成要素研究[J].现代教育技术,2016,26(8):55-61.

[41]刘学勇,滕遥.合理性教育循环与美育、劳育关系刍议[J].教育与教学研究,2016,30(5):21-30.

[42]刘云生.学生安全管理中的教育放逐与应对之策[J].中国教育学刊,2016(6):47-53.

[43]柳夕浪.走向整体的人:核心素养的整合意义[J].中小学管理,2019(4):25-28.

[44]路玉宝,杨萍."石头记":小山村里画石头[J].中小学管理,2015(3):44.

[45]罗雪迩,郑茂平.艺术课程设计的文化逻辑与实践理路[J].课程·教材·教法,2023,43(4):140-146

[46]马玉慧,赵乐,刘晴.在线同伴评价的影响因素及其促进策略研究[J].电化教育研究,2016,37(3):108-114.

[47]潘娜.建构基于儿童艺术素养的教育新范式[J].课程·教材·教法,2017,37(8):122-127.

[48]钱洁.基于核心素养的教师教育评价话语价值反思和意义重构[J].中国教育学刊,2023(7):45-49.

[49]王传金.家校共育提升学生综合素质[J].中国教育学刊,2023(10):105.

[50]王海平.校内外教育有效衔接的制度化推进与反思[J].中国教育学刊,2018(2):24-28.

[51]王庆常.一片甲骨惊天下 九字卵石震山河——赏"天书天画奇石"[J].中华奇石,2020,(8):122-123.

[52]王泉泉,刘霞等.中小学生人文素养的内涵与表现水平研究[J].北京师范大学学报(社会科学版),2022(1):46-54.

[53]王升.主体参与教学策略的分层分析[J].课程·教材·教法,2001(3):40-44.

[54]王胜炳.基于高职教育问题的中小学教育改革思考[J].中国教育学刊,2010(9):23-25.

[55]王文静.学生自我评价流程分析[J].中国教育学刊,2005(3):50-52+56.

[56]王则灵,郭兰兰.《义务教育艺术课程标准(2022年版)》的新趋势与新变化[J].北京舞蹈学院学报,2023(2):142-148.

[57]王正青,阿衣布恩·别尔力克.ChatGPT升级:GPT-4应用于未来大学教学的可能价值与陷阱[J].现代远距离教育,2023(3):3-11.

[58]翁峰杰.卵石画校本课程的实施策略探析[J].美术教育研究,2021(16):140-141.

[59]吴秀娟,张浩,倪厂清.基于反思的深度学习:内涵与过程[J].电化教育研究,2014,35(12):23-28.

[60]武改朝.《和田石头画》教学实践探索[J].教育现代化,2019,6(66):288-290.

[61]习丽,傅立宪.多尔的"第三空间"及其缺陷——以艺术教育为视角[J].江西社会科学,2017,37(12):39-44.

[62]肖玲玲."五育"并举理念下小学美术德育融入路径研究[J].教学管理与教育研究,2023(20):117-119.

[63]邢莉,常宁生.美术概念的形成——论西方"艺术"概念的发展和演变[J].文艺研究,2006(4):105-115.

[64]熊瑛.从多元智能角度论美术教师教育中的职业素养形成[J].湖南科技大学学报(社会科学版),2010,13(6):155-158.

[65]杨道宇.面向五育融合的课程设计原则[J].课程·教材·教法,2021,41(11):27-34.

[66]杨鸿,朱德全,宋乃庆等.大数据时代学生综合素质评价:方法论、价值与实践导向[J].中国电化教育,2018(1):27-34.

[67]杨聚鹏.新时代教育评价改革政策的价值意蕴、执行阻力与改革路向[J].教育学报,2022,18(5):106-117.

[68]杨开城.建构主义学习环境的设计原则[J].中国电化教育,2000(4):14-18.

[69]杨慷慨,陈杰.乡镇小学生创新能力培养研究[J].教学与管理,2020(12):36-39.

[70]杨晓.理解教学空间[J].课程·教材·教法,2020,40(7):38-44.

[71]姚林,康翠萍.校农协作:美国学生成长的教育空间探索及其实践路径[J].比较教育研究,2022,44(5):96-103,112.

[72]叶平枝.教师激励性评价对幼儿发展影响的实证研究[J].教育科学研究,2022(3):92-96.

[73]尹少淳.从核心素养到美术学科核心素养——中国基础教育美术课程的大变轨[J].美术观察,2017(4):5-7.

[74]于春玲,万美君.以"劳"育"德":基本内涵、时代意义与实现路径[J].思想教育研究,2021(11):124-129.

[75]余澄,孙妍,王后雄."必备品格"的内涵、生成过程及发展路径[J].教育研究与实验,2023(5):90-98.

[76]岳晓英.英美博物馆/美术馆的跨学科艺术教育实践研究[J].艺术设计研究,2020(4):121-126.

[77]张海防.研究生灵感思维的培养[J].学海,2016(6):212-216.

[78]张华.论核心素养的内涵[J].全球教育展望,2016,45(4):10-24.

[79]张剑平,夏文菁.数字化博物馆与学校教育相结合的机制与策略研究[J].中国电化教育,2016(1):79-85,108.

[80]张乔.法国克吕尼博物馆早期的陈列观念[J].新美术,2019,40(7):66-73.

[81]张文霞,王晓琳.中国英语能力等级量表在大学英语写作课堂学生自评中的应用研究——动态评价理论视角[J].中国外语,2022,19(1):71-78.

[82]张学而.小学美术课堂合作学习的实施与评价[J].教学与管理,2020(17):43-45.

[83]张紫屏.论素养本位课程知识观[J].课程·教材·教法,2018,38(9):55-61.

[84]赵伶俐.新时代美育的使命与实践方略[J].人民教育,2019,(6):55-59.

[85]智敏,罗勤.构建"五育融合"的小学体育活动体系[J].人民教育,2022,(22):77-78.

[86]朱德全.新时代基础教育评价改革如何通向学生的美好未来?[J].教育科学研究,2023(10):1.

[87]林华芳.当今小学美术教育如何适应新时代的改革与发展·广东教育学会2022年度学术讨论会暨第十八届广东省中小学校长论坛论文选(二)[C].广东教育学会,2022.

[88]成都市教育局.关于命名第九批阳光体育示范学校和第十四批艺术教育特色学校的公示[EB/OL].[2024-06-01].https://edu.chengdu.gov.cn/cdedu/c112860/2022-06/15/content_0e9bf38e8ff64cc681298e88f5ef94d5.shtml.

[89]简阳市人民政府.简阳市壮溪乡中心小学[EB/OL].[2024-06-01].http://www.scjy.gov.cn/jianyang/c118487/2018-09/07/content_35aadacb040c472e88ce7fbf828667ed.shtml.

[90]新华社.习近平给中央美术学院老教授的回信[EB/OL].(2018-08-30)[2023-10-30].https://www.gov.cn/xinwen/2018-08/30/content_5317814.htm.

[91]新华社.习近平:高举中国特色社会主义伟大旗帜 为全面建设社会主义现代化国家而团结奋斗——在中国共产党第二十次全国代表大会上的报告[EB/OL].(2022-10-25)[2023-11-01].https://www.gov.cn/xinwen/2022-10/25/content_5721685.htm.

[92]中共中央办公厅 国务院办公厅.关于全面加强和改进新时代学校美育工作的意见[EB/OL].(2020-10-15)[2023-10-30].https://www.gov.cn/zhengce/2020-10/15/content_5551609.html.

[93]中共中央办公厅 国务院办公厅.中共中央 国务院印发《深化新时代教育评价改革总体方案》[EB/OL].(2020-10-13)[2023-10-30].http://www.moe.gov.cn/jyb_xxgk/moe_1777/moe_1778/202010/t20201013_494381.html.

[94]中华人民共和国教育部.教育部关于印发义务教育课程方案和课程标准(2022年版)的通知[EB/OL].(2022-04-08)[2023-11-11].http://www.moe.gov.cn/srcsite/A26/s8001/202204/W020220420582364678888.pdf

[96]中华人民共和国教育部.完善中华优秀传统文化教育指导纲要[EB/OL].(2014-03-28)[2023-11-20].http://www.moe.gov.cn/srcsite/A13/s7061/201403/t20140328_166543.html.

[97]中华人民共和国教育部.义务教育劳动课程标准(2022年版)[EB/OL].(2022-04-08)[2023-11-20]. http://www.moe.gov.cn/srcsite/A26/s8001/202204/W020220420582367012450.pdf.

[98]中华人民共和国教育部.义务教育艺术课程标准(2022年版)[EB/OL].(2022-04-08)[2023-10-30] http://www.moe.gov.cn/srcsite/A26/s8001/202204/W020220420582364678888.pdf

[99]中华人民共和国中央人民政府.国务院办公厅关于全面加强和改进学校美育工作的意见[EB/OL].(2015-09-28)[2023-10-30]. https://www.gov.cn/zhengce/content/2015-09-28/content_10196.html.

# 1 虎虎生威
创作者：刘馨怡

# 2 化茧成蝶
创作者：杨巧月　蒋妙弋

# 3 呦呦鹿鸣
创作者：杨洁

4 鱼跃龙门
创作者：郑维

5 玉兔素心
创作者：鲁湘悦

6 大鸭头
创作者：付倩

7 龟年鹤寿
创作者：郑维

8 猴头猴脑
创作者：郑维

9 得胜的猫儿欢似虎
创作者：李雨琪

**10** 一石二鸟
创作者：蒋妙弋

**11** 随机应变
创作者：付倩

**12** 横行霸道
创作者：付倩

**13** 任重道远
创作者：付倩

**14** 闲云野鹤
创作者：严欣

## 15 喘月吴牛
创作者:严欣

## 16 蜂巢蚁穴
创作者:鲁湘悦

## 17 为母则刚
创作者:郑维

## 18 傲骨红梅
创作者:严欣

## 19 出水芙蓉
创作者:郑维　严欣

# 20 野菊花
创作者:李雨琪

# 21 蒲公英
创作者:温永卉

# 22 擎天柱
创作者:蒋妙弋

## 23 梨花泪
创作者：付倩

## 24 兰花草
创作者：郑维

## 25 时令蔬之大白菜
创作者：杨巧月

## 26 蔓延的爱
创作者：蒋妙弋

## 27 姜太公钓鱼
创作者：施丹妮

**28** 月夜劳作图
创作者：曾雯雪

**29** 攀岩
创作者：郑维

**30** 白头偕老
创作者：郑维

**31** 古典美
创作者：鲁湘悦　李雨琪

## 32 学无止境
创作者:李秋雨

## 33 锦绣缤纷
创作者:尹诺汐

## 34 流云伴月
创作者:张婷玉

## 35 晚安
创作者:蒋妙弋

## 36 只此青绿
创作者：曾语菲　李如意　李秋语

## 37 碧水青山
创作者：严欣

## 38 仙居
创作者：郑维

## 39 映月
创作者：郑维

## 40 坎坷人生路
创作者:郑维

## 41 虾悦
创作者:郑维

## 42 斑驳琉璃
创作者:杨巧月 黄欣怡

## 43 相亲相爱一家人
创作者:郑维

## 44 五彩斑斓
创作者：庄宇升　胡天瑞　杨雨洁　叶钰婷　黄欣怡　曾筱艾　张娅

## 45 小蝌蚪历险记
创作者：蒋妙弋　杨巧月　刘馨怡

# 46 福泽神龟
创作者：马柯　马婉如　黄钰

# 47 年丰岁稔
创作者：陈怡然　曾雯雪　蒋世鑫

# 48 童话城堡
创作者：钟豪毅　付洲

# 49 静享瓜果飘香
创作者：温永卉

## 50 海舟情怀
创作者：郑维

## 51 成都成就梦想
创作者：廖扬　蒋妙弋　马婉如　曾宇晗

## 52 黑白配
创作者：邓佳怡　叶雨涵　陈瑞雪　蒋诗语　魏雨柔

## 53 喜羊羊
创作者:温永卉

## 54 一帆风顺
创作者:蒋世鑫　严欣　曾雯雪

## 55 月亮之上
创作者:郑维

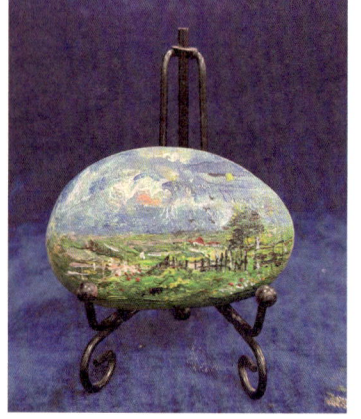

## 56 草原风情
创作者:施丹妮

## 57 海边风光
创作者:施丹妮

# 58 山水自然
创作者：施丹妮

# 59 青山远黛
创作者：施丹妮

# 60 国粹之变脸
创作者：蒋妙弋　黄欣怡

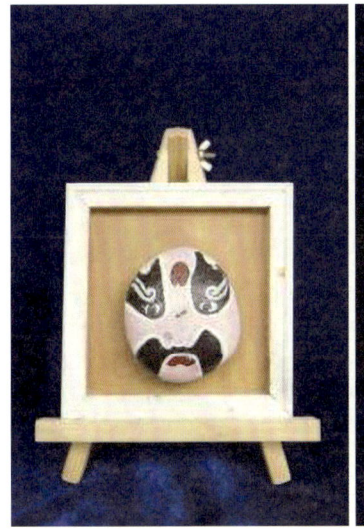

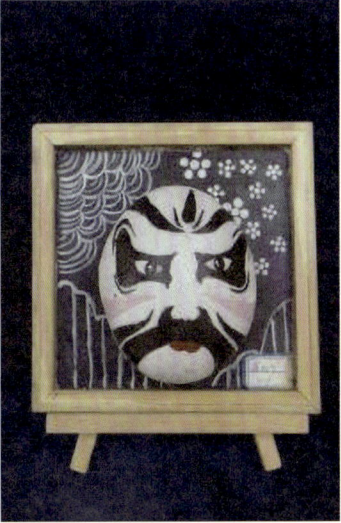

## 61 粽香满堂飘
创作者：鲁湘悦

## 62 人圆月更圆
创作者：鲁湘悦

## 63 二十四节气
创作者：严欣　温永卉　曾雯雪